JN097906

栗しごと と 栗のお菓子

下園昌江

山と溪谷社

毎年、夏の終わりが来ると、「そろそろ栗が出回る時期だなぁ!」とそわそわします。
スーパーの店頭に生栗が並び、パティスリーや和菓子屋では栗のお菓子がおめみえ。
栗好きには心躍る季節です。

最近では和栗を使った洋菓子は珍しくありませんが、
私が菓子の修業をはじめた二十数年前は、パティスリーで栗のお菓子といえば
海外産の加工品を使うことが多く、和栗にふれる機会はほとんどありませんでした。

そんな私が和栗のおいしさに開眼したのは、
あるパティスリーのモンブランがきっかけでした。
それはまるで栗そのものを食べているような力強さがあり、
それでいて繊細で香り豊かな風味が素晴らしく、しばらくその余韻に浸っていました。

それから数年後、和栗のおいしさに魅了された私は、栗の渋皮煮にトライしました。
それまで既製品を購入していたので、自分で作るのははじめて。
どうやって作るかもわからず、インターネットで検索してみましたが
作り方はさまざまで正解がわからない。
とりあえず、何とかなると取りかかってみたものの、最初の鬼皮のむき方から大苦戦。
渋皮を削ってしまったり、虫食いの栗に泣くことも……。
どうにか成功したのは半分くらい!?という状態でした。
そこから、毎年秋になると試行錯誤しながら渋皮煮を作り続け、
しだいに自分ならではの作り方に落ち着いてきました。
今ではこの季節恒例の楽しい手しごとです。

本書では、そんな私がたどり着いた渋皮煮の作り方をはじめとする栗しごとと、
栗の保存食を使った洋菓子と和菓子を紹介しています。

和栗ならではの繊細な風味や食感を生かせるように、
渋皮煮と甘露煮を使うお菓子ではなるべく栗の形を残して。
またペーストを使ったお菓子では、砂糖以外の混ぜ物はほとんど使用せず、
栗そのものの香りや風味を引き出すように心がけました。

この本を通じて、皆さんの栗しごとが楽しくなり、
栗を使ったお菓子で、季節を愛でる喜びが増えるとうれしく思います。

下園昌江

栗のお話

栗しごとをはじめる前に、
栗の品種や出回り時期を確認しましょう。
早いところでは、7月の終わりごろから
生栗の予約がスタートするので、
事前に販売先をチェックしておくのがおすすめです。

［栗の旬と品種］

日本で栽培されている和栗にはたくさんの品種があります。品種によって肉質や甘み、皮のかたさも異なるため、作りたいものに合わせて、風味のほか作業しやすい品種を選ぶと栗しごとがいっそう楽しくなります。生の和栗はおもに8月の終わりごろから11月ごろまで出回り、8月下旬〜9月中旬に収穫する早生種、9月下旬の中生種、10月以降に収穫する晩生種に分かれています。品種ごとの時季は短いので、旬を逃さないように出回り時期を確認しておくと安心。11月以降に見かける栗は低温で貯蔵された熟成栗が多く、甘みが強くなっています。砂糖は使わずそのままゆでたり蒸して食べるのがおすすめです。

［おもな品種別、出回り時期と特徴］

※栗の出回り時期は、その年の栗の生育状況や産地によって多少のズレが生じます。
下記は、茨城県の栗を基準にしています。

丹沢（9月上旬）
早生種の代表。やや大きめで栗ならではのほくほく感を楽しみたい、ゆで栗や栗ごはんなどにおすすめ。

ぽろたん（9月上旬〜9月中旬）
大粒で皮に切り目を入れて加熱すると、渋皮まで簡単にむける画期的な品種。実が黄色く甘露煮や栗ごはん、ペーストにも。

国見（9月中旬）
大粒だが、甘み、風味ともに控えめ。ゆで栗や蒸し栗、ペーストなど、全般的に活用しやすい。

利平（9月中旬〜9月下旬）
ほくほくした食感で風味が強く、素朴さと力強さを併せ持つ品種。ゆで栗や蒸し栗にするとそのよさが引き立つ。

筑波（9月下旬〜10月上旬）
中生種の代表。スーパーで見かけることが多い一般的な栗。大粒で甘みがあり香りも強く、比較的使い勝手がいい。

銀寄（9月下旬〜10月上旬）
和栗らしい風味としっとりした舌ざわりが特徴。大粒ながら鬼皮が薄くてむきやすく、立派な渋皮煮が作れる。

石鎚（10月上旬〜10月中旬）
晩生種の代表。甘みがあって香りもいい。赤みのあるやや明るい茶色で、つやがある。

岸根（10月中旬〜10月下旬）
和栗の中で大きさは最大級。ほろっと崩れやすいのでモンブランや栗きんとんなどに使われることが多い。

本書では「銀寄」と「利平」を使い分け

いろいろな品種を試したなかで、私がとくに気に入って使っているのが銀寄と利平です。銀寄は鬼皮が薄くてむきやすく使い勝手のいい栗。渋皮がきれいで繊維が少ないため、とくに渋皮煮を効率よく、そして美しく仕上げることができます。また、しっとりした質感と繊細で上品な味わいは、和洋問わずお菓子との相性が抜群なのです。利平は、味も香りもよい栗ですが、鬼皮がとてもかたいのと渋皮煮にするとシロップが黒くなりやすいため、作業性や見た目を考慮して甘露煮やペーストに使っています。また適度に粉質で、マロンシャンティや栗粉もちのようにペーストをそぼろ状にするさいに、ポロポロとした粒にしやすく重宝しています。

栗しごとの基本

それではいよいよ、生栗を購入して
栗しごとの準備をはじめます。栗は鮮度が大事。
選び方や保存のコツをおさえてよい状態で使います。

[選び方]

かたい鬼皮に覆われて一見日もちしそうな栗
ですが、じつはとっても繊細。収穫から時間
がたつにつれ風味が薄まり、乾燥や傷みも出
てきます。そのため、購入するさいは全体に
ぷっくりしていて重みがあり、鬼皮につやと
張りがあって色が濃い、新鮮なものを選びま
しょう。栗は虫がつきやすいので、小さな穴
や傷があるもの、また白いブツブツがついて
いるもの、座（底の部分）に黒っぽいシミが
ありベトベトしているものは避けてください。

選別の仕方： 購入した栗は1個ずつ手に取っ
て親指で押し、ペコペコするものは中身が詰
まっていないのでよけます。また洗うさいに、
水につけて浮いてきた栗は、乾燥していたり
虫がいる可能性があるので、こちらもよけて
ください。

[保存方法]

生栗は乾燥しやすく、むき出しのまま置いて
おくと水分が抜けて実が痩せるとともに、香
りも抜けて味が落ちてしまいます。購入後は
1週間以内を目安に、加工することをおすす
めします。またそのまま室温に置いておくと
虫が発生しやすくなるので、すぐに加工しな
い場合は新聞紙に包んで冷蔵庫で保存します。
一方、栗は低温で1〜4週間保存するとでん
ぷんが糖化して甘みが増します。チルド室で
保管し、栗そのものの甘さを味わえる栗ごは
んや蒸し栗などで味わうのもおすすめです。

冷蔵保存の仕方： 栗が汚れていたら水洗いし
てペーパータオルで水けをふき取り、新聞紙
で包みます。次にビニール袋に入れて口を折
りたたみ（密閉しない）、冷蔵庫のチルド室に
入れてください。保存中に栗から水分が出て
新聞紙が湿ってきたら、新しい新聞紙に交換
しましょう。

[虫どめについて]

スーパーで販売されている栗や栗農家から直接取り寄せた栗は選別されているものが多く、なかには虫どめされているものもあるので（要確認）、虫どめ処理はマストではありません。栗拾いなどで入手した栗は、そのまま放置すると虫だらけになってしまうため、手に入れたその日に虫どめ処理をしておくと安心です。

虫どめの仕方：鍋にたっぷりの水を入れて50℃に温め、選別した栗を入れて30分つけます（湯温は50℃にキープ）。流水に当てて冷まして水けをふき取り、新聞紙の上に広げて陰干しをします。しっかり乾いたら、左ページの冷蔵保存の仕方と同様に、新聞紙で包んで冷蔵庫のチルド室で保存します。

[栗むきの道具について]

基本的によく切れる包丁、またはナイフを使用。私は鬼皮も渋皮もペティナイフ（写真左）でむいています。刃渡り12cmほどのものは小回りがきいて、かたい鬼皮をむく作業から、渋皮の筋を取ったりむき残しや小さな黒ずみを取り除く細かな作業まで行えます。ふだんから使っている道具なら、手になじんでいるので疲れにくく、作業効率も上がります。

自分に合った栗むき器で：栗むき器には、ハサミタイプやペンチタイプ（写真右）、ピーラータイプといろいろな仕様のものがあるので、自分に合うタイプでお試しください。ペンチタイプは、ハンドルを握って刃を動かし、力いらずで鬼皮をむくことができます。

CONTENTS

Chapter 1

リッチな
気品が漂う

栗の洋菓子

Chapter 2

ほっこり
素朴な味わい

栗の和菓子

【 レシピについて 】

・食べごろ、保存期間は目安です。本書記載の分量よりも
　砂糖の量を減らして作る場合、保存期間は短くなります。
・小さじ 1=5mℓ、大さじ 1=15mℓ、1 カップ =200mℓ です。
・卵は M サイズ（正味約 50g）を使用しています。
　M サイズで卵黄 20g、卵白 30g が目安量です。
・塩はすべてゲランドの塩（顆粒）、
　バターはすべて食塩不使用のものを使用しています。
・電子レンジの加熱時間は 600W を使用した場合の目安です。
　機種、W 数に応じて様子を見て調節してください。
・オーブンの焼成温度、焼き時間は機種によって多少異なります。
　ご家庭のオーブンに合わせて調節してください。

この本では、生栗を使った栗しごとと、
それらを使った洋菓子と和菓子のレシピをご紹介しています。
まずはそれぞれの栗しごとから作れるお菓子をチェックして、
生栗を手配しましょう。

栗しごと

栗の渋皮煮（作り方 12ページ）

栗の甘露煮（作り方 16ページ）

栗のペースト（作り方 20ページ）

粗タイプ　細タイプ

栗のお菓子

【そのまま楽しむ保存食】

栗ジャム（p.24）／栗バター（p.24）

Prologue

仕込んでおいて
長く楽しむ

栗しごと

お菓子教室でも秋は栗、栗、栗！
準備も兼ねて、まずは栗の渋皮煮をたくさん仕込みます。
立派な粒の渋皮煮は洋菓子の主役になり、
栗の甘露煮は和菓子はもちろん、お正月のおせちの定番。
どちらもきれいに煮上がるとうれしいものです。
栗のペーストは栗菓子の大定番、モンブランや栗きんとんに！
鬼皮や渋皮をむいたり、アク抜きを繰り返したり、
あれこれ手間のかかる栗しごとですが、
仕込んだあとにはおいしいお菓子作りが待っています。
まずは生栗から仕込んで秋の味覚を満喫してください。

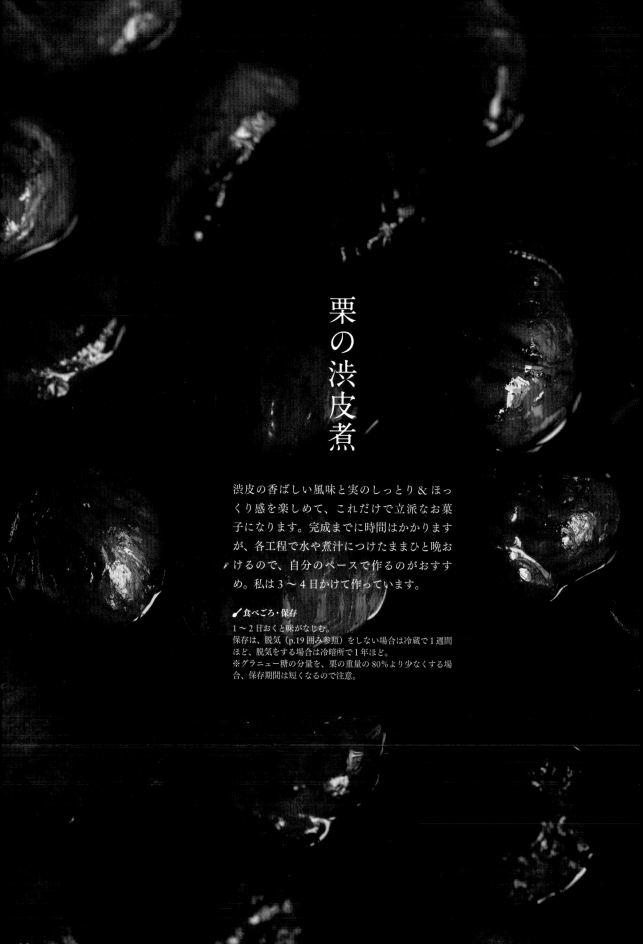

栗の渋皮煮

渋皮の香ばしい風味と実のしっとり＆ほっくり感を楽しめて、これだけで立派なお菓子になります。完成までに時間はかかりますが、各工程で水や煮汁につけたままひと晩おけるので、自分のペースで作るのがおすすめ。私は3〜4日かけて作っています。

✐食べごろ・保存

1〜2日おくと味がなじむ。

保存は、脱気（p.19囲み参照）をしない場合は冷蔵で1週間ほど、脱気をする場合は冷暗所で1年ほど。

※グラニュー糖の分量を、栗の重量の80%より少なくする場合、保存期間は短くなるので注意。

材料（作りやすい分量）

栗 — 500g
⇒家庭で一度に作る栗の量は鍋の大きさに合わせて
500〜1500gが適量。
はじめて作る場合は500gからトライするのがおすすめ。

重曹 — 小さじ3〜5

グラニュー糖 — 鬼皮をむいてゆでた
　　栗の重量の50〜100%（本書では80%）

準備

・栗は時間があれば前日からたっぷりの水につける。

鬼皮むきのコツ

［栗が温かい状態でむく］
栗は50℃くらいに温める。むいている途中で栗の温度が下がり、鬼皮がかたくなってきたら再度加熱して温め直す。

［手袋をはめて行う］
栗を温めながら作業するため、木綿の手袋の上に使い捨てのゴム手袋をはめて行うと、多少栗が熱くても作業を進められるのでおすすめ。

［小さい傷なら問題なし！］
鬼皮をむくさいに、渋皮に（a）のような直径5mm程度の小さな傷がついていても大丈夫。加熱時に（b）のように栗が割れることはない。大きな傷がついた場合は渋皮をすべてむき、栗の甘露煮（p.16）に使用するか、適量の砂糖をまぶして冷凍保存し、栗ごはんなどに活用するとよい。

鬼皮をむく

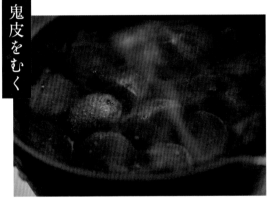

step **1**　栗を洗い、鍋に栗とたっぷりの水を入れて中火にかけ、50℃くらいに温める。

⇒栗を温めることで、鬼皮がやわらかくなってむきやすくなる。

step **2**　実のぷっくりした面の座（底の部分）にペティナイフの刃を浅めに入れ、鬼皮を引っ張り上げるようにしてむいていく（左）。次に平らな面の鬼皮の頭に指を引っかけて一気にむく（右）。

step **3**　最後に座の鬼皮を指ではがし、筋があれば引っ張って（左）取り除く（右）。

⇒筋が取れにくい場合はアク抜きのあと（step9）で行う。

step **4**　1個むき終わるごとに栗が乾燥しないよう、ボウルに張ったたっぷりの水につける。

⇒鬼皮をむくのは大変なのでこのままひと晩おき、翌日に作業を持ち越してもOK。

step 5　鍋に栗を入れ、新しくたっぷりの水を張って中火にかける。湯気が出てきたら、重曹小さじ1を加える。

⇒重曹を入れることで渋皮のアクが抜けやすくなる。

step 6　沸騰したら弱火にして10〜15分、静かに煮る。火を止めてそのまま1分ほどおく。

⇒グラグラと煮立たせると煮崩れの原因になるので注意！

step 7　鍋ごとシンクに移し、鍋肌に沿って蛇口から湯をゆっくりと注ぎ、湯がきれいになるまで注ぎながら入れ替える。

⇒急激な温度変化は実が割れる原因になるので、水ではなく湯を注ぎ入れる。

step 8　たっぷりの湯を張り、step5〜7の作業を湯に透明感が出るまで2〜4回繰り返す。

⇒湯を入れ替えるたびに重曹を加える。写真のようににごりが消えて薄い紅茶のような色になるまで繰り返す（完全に透明にはならない）。アク抜きを終えたら、このままひと晩おいてもOK。

step 9　step8を室温で冷まし、栗を流水に当てながら、渋皮のまわりについている細かな筋を指の腹でやさしくなでるようにして落とす。

step 10　写真のように黒い筋がなくなるのが理想だが、筋が取れにくい品種もある。こすりすぎると渋皮がめくれたり傷がついたりするので、可能な範囲でOK。

グラニュー糖を加える

step 11
栗の重さを量り、栗の重量の 50 〜 100%
量のグラニュー糖を用意する。

⇒グラニュー糖は栗の重量の 50 〜 100%量を目安に
好みの分量でOK。本書では 80%量を使用。

step 12
鍋に栗とたっぷりの水を入れて弱めの中火
にかける。湯気が出てきたら用意したグラ
ニュー糖の 1/3 量を加える。

煮る

step 13
オーブンシートに切り込みを入れて落とし
ぶたをし、沸騰したら弱火にして 15 〜 20
分コトコトと煮る。火を止めて半日（4 〜 6
時間）おき、再び弱火にかけてグラニュー
糖 1/3 量を加え、同様に 15 〜 20 分煮て半
日おく。これをもう一度繰り返す。

step 14
これで完成。作りたてより 1 〜 2 日おいた
ほうが味が落ち着く。

⇒少なめの砂糖で作る場合は、step13 で最後のグラ
ニュー糖を加えて煮たあとにひと晩おき、一度味をみ
る。甘さが足りない場合は、適宜グラニュー糖適量
を足して弱火でひと煮立ちさせ、半日おく。
※鍋に付着した渋皮の色素は、鍋に水を張って約
50℃に加熱し、酸素系の漂白剤をメーカー指定量入
れて 1 時間ほどおくと落ちやすい。

保存する

step 15
清潔な瓶に入れ、栗が完全につかるように
シロップを注ぐ。

⇒ 1 週間以内に使う場合は冷蔵で保存。長期保存す
る場合は、step13 の最後の加熱後に煮沸消毒をした瓶
に入れて脱気をし（p.19 囲み参照）、冷暗所で保存する。

＼ 洋酒を加えてリッチな味に ／

洋酒で香りづけすると奥深い味わい
になり、洋菓子とも相性抜群。おす
すめは右写真の 3 種。ラム酒とブラ
ンデーは、重厚なコクと甘い香りが
栗とよく合い、グランマルニエは、
ビターオレンジの爽やかな香りで軽
く華やかな印象に。酒を加えるタイ
ミングは、step13 の工程で最後に
15 〜 20 分煮たあとに好みの洋酒を
大さじ 1 〜 3 程度加え、再度ひと煮
立ちさせてから半日おいて完成。

栗の甘露煮

鮮やかな黄色とやさしい栗の風味が魅力の甘
露煮。あんとの相性がとてもよく、とくに
和菓子作りに重宝します。煮ている間に割れ
ることが多くて少し気を使いますが、砕いた
ものを活用するお菓子もたくさんあるので気
軽に作ってみてください。

食べごろ・保存
1〜2日おくと味がなじむ。
保存は、脱気(p.19囲み参照)をしない場合は冷蔵で10日ほど、
脱気をする場合は冷暗所で1年ほど。
※グラニュー糖の分量を、分量の水の重量（400g）の65%
より少なくする場合、保存期間は短くなるので注意。

材料（作りやすい分量）

栗 — 500g

⇒栗にはポリフェノールが含まれるため、
加工途中や保存中に黒く変色してくることがあるが味に影響はない。
栗の鮮度がよいと比較的変色しにくい。

焼きミョウバン — 大さじ1強

⇒水に溶かしたミョウバン水に栗をつけることでアク抜きのほか、
煮崩れや変色を防ぐ効果も得られるが、使わなくても作れる。

クチナシの実 — 1個

グラニュー糖 — 分量の水の重量の50〜100%
　　　　（本書では65%）

⇒グラニュー糖の量を減らすと栗のでんぷんが溶け出しやすくなり、
保存中にシロップが白濁することがある。長期保存する場合、
グラニュー糖は分量の水の重量（400g）の65%以上がよい。

水 — 400g

準備

・栗は時間があれば前日からたっぷりの水につける。

・ミョウバン水を作る。ボウルに水1ℓと焼きミョウ
バンを入れて溶かす（a）。

　⇒焼きミョウバンを使わない場合は行わない。

・クチナシの実はお茶パックに入れてめん棒などで
叩いて砕く（b）。

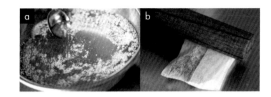

鬼皮をむく

step **1**　「栗の渋皮煮」のstep1〜3（p.13）を参照
して、温めた栗の鬼皮をペティナイフでむ
く。むき終わった栗は、ボウルに張ったたっ
ぷりのぬるま湯（約40℃）につける。

⇒このままひと晩おいてもOK。このあと渋皮をむく
ので、筋はきれいに取らなくてもよい。

渋皮をむく

step **2**　ペティナイフで渋皮を茶色い部分が残らな
いようにやや厚めにむく。まず栗の側面の
渋皮を頭からぐるっと1周むく（左）。次に
栗の平らな面を頭から座（底の部分）に向
かってむき、残りのぷっくりした面を同様
にむく（右）。

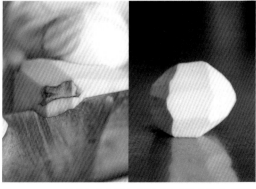

step **3**　最後にむき残しや黒ずみを取り除く（左）。
むき残しがなければ完了（右）。

step **4**　準備したミョウバン水につけて2〜3時間
さらす。

⇒焼きミョウバンを使わない場合は、水に2〜3時
間さらす。

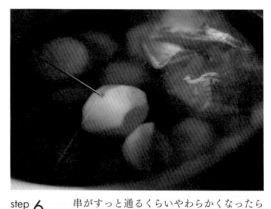

step **5**　栗を洗い、鍋に栗とたっぷりの水、準備したクチナシの実を入れて弱めの中火にかける。沸騰したら弱火にし、栗がやわらかくなるまで様子を見ながら 20 〜 45 分ゆでる。

⇒栗がとても割れやすいので火加減に注意し、煮すぎないように様子を見ながら行う。ミョウバン水につけるとゆで時間が長くなる傾向がある。

step **6**　串がすっと通るくらいやわらかくなったら火を止める。

⇒竹串だとやや太いため栗が割れる可能性がある。あればケーキテスターや細い串などを使うとよい。

step **7**　クチナシの実を取り除き、そのまま室温で冷ます。

step **8**　栗を 1 個ずつ流水でやさしく洗う。

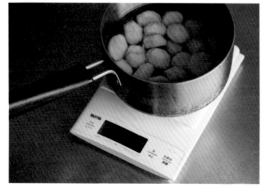

step **9**　鍋に栗と分量の水 400g を入れる。

step **10**　水の重量の 50 〜 100％ のグラニュー糖を用意して、半量を鍋に加える。

⇒グラニュー糖は水の重量の 50 〜 100％量を目安に好みの分量でOK。本書では 65％量を使用。

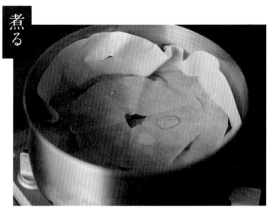

煮る

step **11**　オーブンシートに切り込みを入れて落としぶたをし、弱めの中火にかける。沸騰したら弱火にして10分ほど煮る。残りのグラニュー糖を加え、同様に10分煮て火を止め、そのままひと晩おく。

step **12**　再度弱めの中火にかけ、ひと煮立ちさせて火を止め、そのまま冷ます。

保存する

step **13**　清潔な瓶に入れ、栗が完全につかるようにシロップを注ぐ。

⇒10日以内に使う場合は冷蔵で保存。長期保存する場合は、step12でひと煮立ちさせたあと、熱いうちに煮沸消毒をした瓶に入れて脱気をし（下記参照）、冷暗所で保存する。

煮沸消毒と脱気の仕方

栗の保存食を長期保存するさいには、瓶とスプーンの煮沸消毒、脱気作業が必要です。

[煮沸消毒]

1　大きめの鍋の底にふきんまたはペーパータオルを敷き、洗った瓶とふた、栗をすくうためのスプーン、瓶がしっかりつかる程度の水を入れて中火にかける。
2　沸騰したら1〜2分加熱し、トングなどで取り出す（火傷に注意）。清潔なふきんやペーパータオルの上に逆さにして置き、そのまま乾燥させる(a)。

[脱気]

1　大きめの鍋の底にふきんまたはペーパータオルを敷き、瓶の高さの7分目くらいまでつかるよう水を入れて中火にかける。
2　煮沸消毒をした瓶にスプーンで瓶の8〜9割を目安に栗を詰め、栗が完全につかるようにシロップを注ぐ。
3　一度ふたを完全に締めたあと、軽くゆるめてから1の鍋に静かに入れる。沸騰したら弱火にして15分煮沸する。
4　瓶を取り出し、ふきんなどを使ってふたを強く締める（火傷に注意）。鍋に戻してさらに弱火で20分煮沸して火を止め、そのまま冷ます(b)。加熱中に湯が減ったら、適宜湯適量を足す。

栗のペースト

栗しごとの中でも一番シンプルで気軽に取り
組めるのが栗ペースト。ゆでるか蒸した栗に
少量の砂糖を加え、粒を残してつぶした「粗
タイプ」となめらかに裏ごしした「細タイプ」
を作り、用途に応じて使い分けます。冷凍保
存ができるので、モンブランや栗きんとんな
どを作りたいときに、さっと使えて便利です。

🍂 食べごろ・保存
ひと晩おくと味がなじむ。
保存は冷蔵で5日ほど、冷凍で2〜3カ月。
※グラニュー糖の分量を、ゆでて実を取り出した栗の重量の
20%より少なくする場合、保存期間は短くなるので注意。

材料（粗タイプ・細タイプ共通／作りやすい分量*）

栗 — 500g

グラニュー糖 — ゆでて実を取り出した
　栗の重量の20〜30%（本書では20%）

塩 — ひとつまみ

*2つのタイプを同時に作る場合は、
材料を倍量にしてそれぞれ栗500gずつで作る。

準備

・栗は時間があれば前日からたっぷりの水につける。

栗をゆでる

step **1**　栗を洗い、鍋に栗とたっぷりの水を入れて中火にかけ、50〜60分ゆでる。加熱中に湯が減ったら、適宜湯適量を足す。

⇒栗のサイズによって加熱時間が異なるため、ある程度時間が経過したら栗を1個取り出し、半分に切って火の通りを確認するとよい。

中身を取り出す

step **2**　水けをきって栗を縦半分に切る。

⇒バットにペーパータオルを敷き、栗を鍋から数個ずつ取り出してのせ、水けをきってから切るとよい。

step **3**　熱いうちにスプーンで中身をすくって取り出す（渋皮がついてきたら取り除く）。

step **4**　ボウルに入れて重さを量り、栗の重量の20〜30%量のグラニュー糖を用意する。

⇒栗の甘さは幅があるため、まずはstep6で20%量のグラニュー糖を加えて味をみて、調整するとよい。

粒を残してつぶす

step 5　step 4 の栗をマッシャーで細かい粒が残る
程度につぶす。

step 6　用意したグラニュー糖（本書では 20%）と
塩を加える。

step 7　全体がなじむようにゴムべらで混ぜて味
をみる。甘みが足りなければ、さらに最大
10%までグラニュー糖を加えて混ぜ、好み
の甘さに調節する。

step 8　ボウルにラップをかけ、15 〜 30 分おいて
なじませる。

⇒栗から水分が出てきてしっとりする。

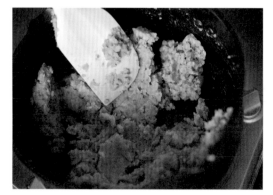

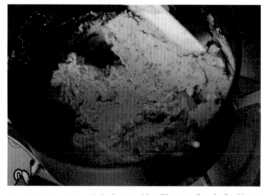

step 9　鍋に移して弱火にかけ、ゴムべらで混ぜな
がら 4 〜 5 分加熱する。

⇒水分量が少ない栗の場合は、水大さじ 1 〜 2 を加
えてから加熱すると混ぜやすくなる。

step 10　しっとりなじんだら粗タイプの完成（細タ
イプは step 11 へ）。

⇒加熱することでグラニュー糖が溶けてなじみがよく
なるほか、殺菌効果もある。

裏ごしをする

step **11**　step 10 が熱いうちに、バットなどを当てた裏ごし器に少しずつのせ、木べらで押しつけるようにして裏ごしする。

⇒冷めたら器に入れてラップをかけ、電子レンジ（600W）に 10 〜 20 秒かけて再加熱しながら行うとよい。

step **12**　細タイプの完成。

保存する

step **13**　step 10 の粗タイプ、または step 12 の細タイプをカードなどで半量ずつにして、それぞれラップの上に取り分ける。

step **14**　空気を抜きながらピッチリ包み、平らに整える。

細タイプ　　粗タイプ

step **15**　冷蔵でひと晩おくと味が落ち着く。

⇒ 5 日以内に使う場合は冷蔵で保存。長期保存する場合は、ジッパーつきの保存袋に入れて冷凍で保存する（使う前日に冷蔵室に移して解凍する）。

栗ジャム

ジャムという名前ですがほっくり感があり、
おいものような質感です。
乳製品を加えていないので、
栗の風味をストレートに味わえます。

材料（作りやすい分量）

ゆで栗（または蒸し栗／p.21の step1〜3参照）
　― 正味200g
グラニュー糖 ― 60〜70g（本書では60g）
⇒まず60g加えて味をみて、甘さが足りなければ
最大10gまで追加で加えて好みの甘さに調節する。

水 ― 100g
塩 ― ひとつまみ

作り方

1　ゆで栗はマッシャーでつぶす。なめらかにしたい
場合は、熱いうちにバットなどを当てた裏ごし器
に少しずつのせ、木べらで押しつけるようにして
裏ごしする。

2　鍋に1、グラニュー糖、分量の水、塩を入れて弱
火にかけ、加熱しながらゴムべらでよく練る。水っ
ぽさがなくなり、とろりとしてきたら火を止め、
冷ます。

⇒冷めるとかたくなるので、少しゆるめの状態で火を止めるとよい。
⇒1週間以内に使う場合は、清潔な保存容器に入れて冷蔵で保存。
長期保存する場合は、空気を抜きながらラップでピッチリ包み、
平らに整えてジッパーつき保存袋に入れて冷凍で保存する。

🥄 **食べごろ・保存**

ひと晩おくと味がなじむ。
保存は冷蔵で1週間ほど、冷凍で2〜3カ月。

栗バター

ゆで栗をベースにバターを加えて作ります。
軽くトーストした食パンやバゲットとも相性がよいのはもちろん、
甘さ控えめなのでクラッカーなどに塗って、ナッツやドライフルーツ、
生ハムを添えれば素敵なおつまみに。

材料（作りやすい分量）

ゆで栗（または蒸し栗／p.21の step1〜3参照）
　― 正味200g
グラニュー糖　　30g
バター ― 60g
水 ― 100g
塩 ― ひとつまみ

作り方

1　ゆで栗はマッシャーでつぶす。なめらかにしたい
場合は、熱いうちにバットなどを当てた裏ごし器
に少しずつのせ、木べらで押しつけるようにして
裏ごしする。

2　鍋に1、グラニュー糖、バター、分量の水、塩を
入れて弱火にかけ、加熱しながらゴムべらでよく
練る。水っぽさがなくなり、とろりとしてきたら
火を止め、冷ます。

⇒冷めるとかたくなるので、少しゆるめの状態で火を止めるとよい。
⇒1週間以内に使う場合は、清潔な保存容器に入れて冷蔵で保存。
長期保存する場合は、空気を抜きながらラップでピッチリ包み、
平らに整えてジッパーつき保存袋に入れて冷凍で保存する。

🥄 **食べごろ・保存**

ひと晩おくと味がなじむ。
保存は冷蔵で1週間ほど。冷凍で2〜3カ月。

まずは栗バターと栗ジャムをそのままパンに塗って楽しんでみましょう。
合わせるパンや食材で味わいが変わるので、
栗の新しい味に出合えます。

栗ジャムトースト

**食パンがリッチな味わいに！
バターをたっぷりのせてどうぞ**

好みの食パン（5枚切り）1枚をトーストし、栗ジャム（p.24）約85gを塗ってバター約10gをのせる。

栗ジャムサンドイッチ

**甘くない生クリームが
栗のやさしい甘さを引き立てる**

食パン（8枚切り）2枚1組の1枚に栗ジャム（p.24）85g、もう1枚にしっかり泡立てた生クリーム（無糖）25gを塗ってサンドする。ラップで包み、冷蔵庫に1時間ほどおいて取り出し、ラップをはずして耳を落とし、好みの大きさにカットする。

栗バターと生ハムのバゲット

**甘みと塩けのバランスが絶妙！
ワインのおともに最適**

バゲットを1.5cm厚さにスライスして軽くトーストし、1切れに栗バター（p.24）約15gを塗る。生ハム適量、薄くスライスしたコンテチーズを2枚ずつトッピングする。コクがあり、うまみの強いイベリコ豚やバスク豚の生ハムを使うのがおすすめ。

Chapter 1

リッチな
気品が漂う

栗の洋菓子

せっせと仕込んだ渋皮煮、甘露煮、ペーストを使って
ケーキやタルト、スコーン、アイスと、秋を彩る洋菓子を作ります。
繊細な和栗を主役にするには、渋皮煮や甘露煮を
ゴロッと使ったり、栗ペーストを絞ってトッピングしたり、
栗自体をシンプルに使うのがポイントです。
反対にバターが入ったリッチな生地に練り込む場合は、
甘みや風味が強い市販の洋栗のマロンペーストを使用します。
和栗のおいしさを引き立てる、見た目も美しいラインナップです。

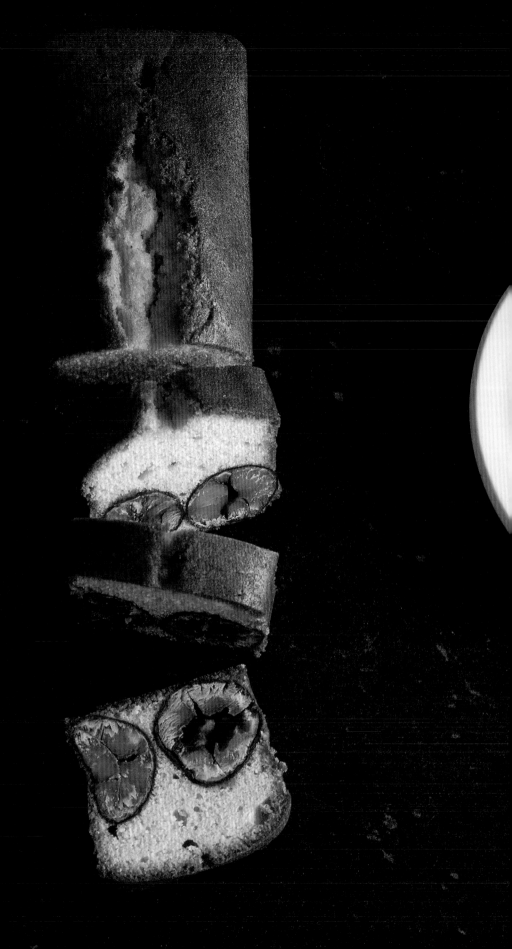

栗のラムケーキ

（作り方　30ページ）

28

栗のラムケーキ

栗と相性のよいラム酒を合わせた
香り豊かなパウンドケーキ。
大ぶりの渋皮煮をたっぷり入れることで、
どこを切っても断面に栗が出てきます。

材料(18×7×高さ5.5cmのパウンド型1台分)
栗の渋皮煮(p.12) ― 8個(220〜240g)

[生地]
バター ― 65g
きび砂糖 ― 55g
はちみつ ― 6g
アーモンドパウダー ― 15g
溶き卵 ― 65g
A│薄力粉 ― 65g
 │ベーキングパウダー ― 1.5g
ラム酒 ― 5g

[シロップ]
グラニュー糖 ― 8g
水 ― 10g
ラム酒 ― 12g

準備
・栗の渋皮煮はペーパータオルで汁けをふき取る。
・バターと溶き卵は室温に戻す。
・アーモンドパウダーは粗めのざるでふるう。
・Aは合わせてふるう。
・オーブンシートは型よりも1.5cmほど高さが出る
　ように切り、折り目をつけて四隅の重なる部分に
　切り込みを入れ、型に敷き込む(a)。
・オーブンは天板を入れて170℃に予熱する。

作り方

1　生地を作る。ボウルにバター、きび砂糖を入れてハンドミキサーで混ぜる。最初は低速で混ぜ、全体がなじんだら高速に切り替えて白っぽくなるまで2分ほど混ぜる。

2　はちみつ、アーモンドパウダーの順に加え、そのつどハンドミキサーの低速でなじむまで混ぜる。

3　溶き卵を5回に分けて加え、4回目まではそのつどハンドミキサーの高速でなめらかになるまで混ぜる。4回目を混ぜたあと、Aを1/4量加えて低速で混ぜ、残りの溶き卵を加えて低速で混ぜる。
⇒先に少量の粉類を加えて生地の状態を安定させ、分離を防ぐ。

4　残りのAを半量ずつ加え、そのつどゴムべらでボウルの底から返すようにして粉けがなくなるまで混ぜ、ラム酒を加えて同様に全体がなじむまで混ぜる。

5　型に4を1/4量入れ、ゴムべらで表面を平らに整える（b）。

6　5の生地の上に、栗の渋皮煮を頭を上にして2列で並べる（c）。

7　残りの生地を入れてゴムべらで表面を整え、中央が低く、端が高くなるように整える（d）。

8　予熱したオーブンで45分焼く。
⇒生地の上面を指の腹で軽く押して弾力があれば焼き上がり。

9　シロップを作る。小鍋にグラニュー糖と分量の水を入れて弱火にかけ、グラニュー糖が溶けたら火を止める。粗熱がとれたらラム酒を加える。

10　8が焼き上がったら、すぐにオーブンシートごと型から取り出し、ケーキクーラーにのせてオーブンシートをはがす。表面に9をはけで塗り、粗熱がとれたらラップで包む。

🍴 **食べごろ・保存**
半日から1日おくと味がなじむ。
保存はラップで包み、
室温（暖かい時期は冷蔵）で5日ほど。

栗と和三盆糖のモンブラン

和三盆糖を使ったサクサクメレンゲと
ミルキーな生クリーム、繊細な和栗の風味が
三位一体となったモンブラン。
できたてならではの食感と
フレッシュな味わいを楽しんでください。

材料（6個分）

[和三盆糖のメレンゲ] 20〜24個分

卵白 — 50g

和三盆糖A — 50g

和三盆糖B — 50g

⇒和三盆糖がない場合はAをグラニュー糖、
Bを粉糖に代えてもOK。

[マロンクリーム]

栗のペースト（細タイプ／p.20）— 240g

牛乳 — 20〜40g

⇒栗によって水分量が異なるため、様子を見ながら加える。

生クリーム（脂肪分約42%）— 130g

粉糖 — 適量

準備

・ 卵白は冷蔵庫で冷やす。
・ 和三盆糖ABは、それぞれふるう。
・ 天板にオーブンシートを敷く。
・ オーブンは120℃に予熱する。

作り方

1 和三盆糖のメレンゲを作る。ボウルに卵白を入れ、ハンドミキサーの低速で30秒混ぜてほぐす。高速に切り替えて混ぜ、和三盆糖Aを3回に分けて加え、そのつど泡立ててメレンゲのツノがピンと立つまで撹拌する。

2 和三盆糖Bを一度に加え、ゴムべらでボウルの底から返すようにして均一になるまで混ぜる。

3 絞り袋（丸口金直径1cm）に入れ、天板に敷いたオーブンシートの上に2〜3cm間隔を空けて直径約5cmのうず巻き状に絞る。

4 予熱したオーブンで80分ほど焼いて冷まし、6個を取りおく。

⇒残りのメレンゲは、泡立てた生クリームやバニラアイスに
栗ジャム（p.24）を添えて食べてもおいしい。
乾燥剤と一緒に密閉容器に入れ、室温で1カ月ほど保存可能。

5 マロンクリームを作る。ボウルに栗のペーストと牛乳を入れ、ゴムべらで絞りやすいかたさになるまで混ぜ合わせる。

⇒まず牛乳を20g加え、試しに少量を絞り袋に入れて絞る。
かたくて絞りにくい場合は牛乳を少しずつ足して調節するとよい。

6 ボウルに生クリームを入れ、氷水を張ったボウルに当てながら、ハンドミキサーの高速でツノがピンと立つまで撹拌する。

⇒やわらかいと組み立てるさいに形が崩れやすくなるので、
ややかために立てる。

7 4のメレンゲ6個を並べ（a）、6を絞り袋（丸口金直径1.3cm）に入れてメレンゲの上にこんもりと小高く絞る（b）。

⇒1個につき4cm高さくらいに絞る。

8 5を別の絞り袋（モンブラン用口金）に入れ、7の生クリームを覆うように円を描きながら絞る（c）。

⇒1個につきマロンクリーム30〜40g（8周くらい）が目安。

9 粉糖を茶こしでふるう。

✒ 食べごろ・保存

メレンゲが湿気やすいため、作りたてがおいしい。
時間をおく場合は保存容器に入れて冷蔵し、当日中に食べる。

栗のマドレーヌ

焼き菓子の定番、マドレーヌをアレンジ。
きな粉に似た香ばしさがあるマロンパウダーと、キャラメルのような風味の
こがしバターを合わせ、素朴で滋味深い味に仕立てました。

材料（マドレーヌ型9個分）
栗の渋皮煮（p.12）— 60g
［生地］
溶き卵 — 55g
きび砂糖 — 36g
はちみつ — 12g
マロンペースト（市販品／p.95の25参照）— 20g
牛乳 — 10g
A ┃ 薄力粉 — 50g
　 ┃ マロンパウダー（市販品／p.95の24参照／
　 ┃ 　または薄力粉）— 10g
　 ┃ ベーキングパウダー — 3g
ラム酒 — 2g
バター — 60g

準備
・栗の渋皮煮はペーパータオルで汁けをふき取り、
　1.5～2cm角に切る。
・Aは合わせてふるう。
・こがしバターを作る。鍋にバターを入れて中火に
　かけ、泡立て器で混ぜながら加熱する。沸騰した
　ら弱火にしてバターの色がこげ茶色になるまで混
　ぜる。火から下ろして鍋底を水に当て、そのまま
　冷ます。
・型の内側にやわらかくしたバター適量（分量外）を
　はけで薄く塗り、冷蔵庫で5～10分冷やして強力
　粉（分量外／薄力粉で代用可）を薄くまぶす。
・オーブンは天板を入れて200℃に予熱する。

作り方
1 生地を作る。ボウルに溶き卵ときび砂糖を入れ、
　泡立て器で円を描くように混ぜる。
2 はちみつを加えて同様に混ぜる。
3 別のボウルにマロンペーストを入れ、ゴムべらで
　軽くほぐす。牛乳を4回に分けて加え、そのつど
　均一になるまで混ぜる。
4 2に3を加え、泡立て器で円を描くように混ぜ、
　Aとラム酒を順に加えてそのつど同様に混ぜる。
5 こがしバターを40℃に温め直し、4に細く垂らす
　ように少しずつ加えながら、泡立て器で円を描く
　ように混ぜる。
6 ゴムべらでボウルのまわりをきれいにしながらひ
　と混ぜし、型に生地を流し入れる（a）。
7 予熱したオーブンで6分焼いて一度取り出し、栗
　の渋皮煮を生地の上にのせる（b）。オーブンに戻
　し、200℃で6～8分焼く。
　⇒オーブンや生地の温度が下がらないよう手早く行う。
8 熱いうちに型から取り出し、ケーキクーラーにの
　せて冷ます。

🍴 **食べごろ・保存**
焼きたてよりも、完全に冷ましたほうが
生地の風味が落ち着いておいしい。
保存はラップで包み、室温で3日ほど。

栗とはちみつのロールケーキ

（作り方 38ページ）

栗とはちみつのロールケーキ

はちみつ香るふんわりやわらかな生地は、
カステラを思い起こす懐かしい味わい。
栗のペーストと甘露煮を合わせた、
ほっと和める和テイストです。

材料（27cm角のロールケーキ用型1台分）
栗の甘露煮（p.16）— 50g

［生地］
卵黄 — 80g

はちみつ — 8g

卵白 — 135g

上白糖 — 60g

薄力粉 — 45g

A｜バター — 15g
　｜太白ごま油 — 15g

［生クリーム］
生クリーム（脂肪分42%前後）— 150g

グラニュー糖 — 12g

［マロンクリーム］
栗のペースト（細タイプ／ p.20）— 50g

生クリーム（脂肪分42%前後）— 10g

準備
・栗の甘露煮はペーパータオルで汁けをふき取り、
　1.5cm角に切る。
・薄力粉はふるう。
・卵白は冷蔵庫で冷やす。
・Aはボウルに入れ、湯煎にかけて60℃に温め、バ
　ターを溶かす。
・オーブンシートは型よりも1cmほど高さが出るよ
　うに切り、折り目をつけて四隅の重なる部分に切
　り込みを入れ、型に敷き込む。
・オーブンは天板を入れて190℃に予熱する。

作り方

1　<u>生地を作る。</u>ボウルに卵黄とはちみつを入れ、湯煎にかけて人肌くらいに温める。

2　ハンドミキサーの高速で白っぽくふんわりするまで4分ほど混ぜる。

⇒混ぜ終わったらハンドミキサーの羽をはずし、
洗剤で洗って水けをふき取ってから次の作業を行う。

3　別のボウルに卵白を入れ、ハンドミキサーの低速で30秒混ぜてほぐす。高速に切り替えて混ぜ、上白糖を3回に分けて加え、そのつど泡立ててメレンゲのツノの先が曲がるくらいまで撹拌する。

4　2に3を1/5量加え、ゴムべらでボウルの底から返すようにして混ぜ、薄力粉を加えて粉けがなくなるまで同様に混ぜる。

5　残りの3を泡立て器で混ぜてなめらかにする。4を加え、ゴムべらでボウルの底から返すようにして混ぜる。

⇒メレンゲは放置するとボソボソになりやすいので、
使う直前に再度混ぜ、なめらかな状態にしてから使うとよい。

6　Aに5をゴムべらでひとすくい加え、均一になるまで混ぜて5のボウルに加え、ボウルの底から返すようにして混ぜる。

7　型に6を流し入れ、カードで表面を平らに整える。

8　予熱したオーブンで14～15分焼く。

⇒生地の中央を指の腹で軽く押して、
へこまずに戻ってくれば焼き上がり。

9　すぐに型を10cmくらいの高さから台に落とし、熱い空気を一気に抜いてオーブンシートごと生地を取り出す。表面が乾かないよう、生地よりひとまわり大きく切ったオーブンシートをかぶせて冷まます。

10　<u>生クリームを作る。</u>ボウルに生クリームとグラニュー糖を入れ、氷水を張ったボウルに当てながら、ハンドミキサーの高速でクリームのツノの先が曲がるくらいまで泡立てる。

11　<u>マロンクリームを作る。</u>別のボウルに栗のペーストと生クリームを入れ、ゴムべらでよく混ぜる。

12　<u>仕上げる。</u>台にぬれぶきんを広げ、かぶせたオーブンシートごと9をぬれぶきんの上にひっくり返す。敷いていたオーブンシートをはがし、10をパレットナイフで全体に塗り広げる（a）。

⇒ひっくり返した生地を、かたく絞ったぬれぶきんの上にのせると、
生地を巻くさいにオーブンシートがすべらず作業しやすい。

13　11を絞り袋（丸口金直径1.3cm）に入れて12の手前から4cm内側に端から横に絞り（b）、奥から6cm内側に端から横に栗の甘露煮を並べる（c・d）。

14　手前から下に敷いたオーブンシートを持ち上げながら奥に向かって生地を巻き（e）、形を整える。ラップで包んで冷蔵庫で1時間ほど冷やす。

15　ラップをはがし、両端を切り落とす。

🍴食べごろ・保存

作った当日が生クリームや生地の風味がよく一番おいしい。
保存はラップで包む、または密閉容器に入れ、
冷蔵で2日ほど。

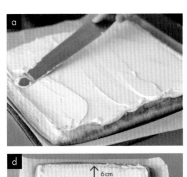

栗のトリュフ

渋皮煮を丸ごと1粒使用した、
栗そのものを味わうためのぜいたくなトリュフ。
ラム酒やグランマルニエなどで風味づけした渋皮煮で作ると、
さらにリッチなデザートになります。

材料（8個分）

栗の渋皮煮(p.12) — 8個

⇒好みで洋酒で風味をつけたもの(p.15囲み参照)を使用。

ビターチョコレート — 100g

⇒ヴァローナ社のフェーブ カラク
(カカオ成分56%／p.95の21参照)を使用。
テンパリング不要のコーティング用チョコレートを使用してもOK。
その場合、下記マイクリオは省略可。

マイクリオ(p.95の19参照) — 1g

ココア— 50g

準備

・ 栗の渋皮煮はペーパータオルで汁けをふき取る。

・ ココアはバットに広げる。

作り方

1 ビターチョコレートは小さめのボウルに入れ、湯煎にかけて40〜45℃に温めて溶かす。

2 室温で34℃まで冷まし、マイクリオを加えてスプーンで混ぜながら溶かす。

　⇒コーティング用チョコレートを使用する場合は、
　この作業は行わずに3へ進む。

3 栗の渋皮煮を1粒ずつ座(底の部分)から竹串に刺し、2にくぐらせて栗全体をチョコレートで覆う(a)。

　⇒作業中にチョコレートの温度が下がってかたくなってきたら、
　再度湯煎で温める。そのさいに36℃を超えないように注意する。

4 瓶やグラスなどに立てかけ、チョコレートがかたまるまで室温に20分ほどおく(b)。

　⇒栗の重みで倒れないように、底に重心がある重めの容器を選ぶ。

5 表面をドライヤーの温風(弱)に軽く当てて溶かし(c)、ココアを入れたバットに並べる。栗から竹串をはずし、転がすようにして表面にまんべんなくココアをまぶし、冷蔵庫で冷やす。

　⇒ドライヤーの風が強い場合はドライヤーと
　チョコレートの距離を離す。

食べごろ・保存

冷蔵庫から出したてはチョコレートがかたいので、
室温に15分ほどおいてから食べると口溶けがよくなる。
保存は保存容器などに入れ、冷蔵で1週間ほど。

栗のガトーショコラ

アーモンドパウダーをたっぷり加えた
まろやかな風味のガトーショコラに、甘露煮を合わせました。
しっとり濃厚な味わいで、
秋冬にぴったりな焼き菓子です。

材料（直径15×高さ6cmの丸型／共底タイプ1台分）
栗の甘露煮（p.16）― 8〜10個

［生地］
バター ― 85g
グラニュー糖A ― 25g
卵黄 ― 40g
アーモンドパウダー ― 55g
ビターチョコレート ― 85g
⇒ヴァローナ社のフェーブ カライブ（カカオ成分66%）を使用。
卵白 ― 70g
グラニュー糖B ― 30g
薄力粉 ― 28g

準備

・栗の甘露煮はペーパータオルで汁けをふき取る。
・バター、卵黄は室温に戻す。
・アーモンドパウダーは粗めのざるでふるう。
・薄力粉はふるう。
・ビターチョコレートはボウルに入れ、湯煎にかけて40〜45℃に温めて溶かす。
・卵白は冷蔵庫で冷やす。
・オーブンシートは型の底と側面に切り分ける。底は直径より1cm大きく切り取り、周囲に1cm間隔で長さ1cmの切り込みを入れ、側面は型よりも1cmほど高さが出るように切る。型の底、側面の順に敷き込む。
・オーブンは天板を入れて170℃に予熱する。

作り方

1 生地を作る。ボウルにバターを入れてゴムべらでなめらかなクリーム状になるまで練る。

2 グラニュー糖Aを2回に分けて加え、そのつど泡立て器で円を描くように50回混ぜる。

3 卵黄を2回に分けて加えて同様に混ぜたら、アーモンドパウダーを2回に分けて加え、同様に混ぜる。

4 別のボウルに卵白を入れ、ハンドミキサーの低速で30秒混ぜてほぐす。グラニュー糖Bを加えて高速に切り替え、メレンゲのツノの先が曲がるくらいまで泡立てる。

5 3にビターチョコレートを加え、泡立て器で均一になるまで混ぜる。

6 5に4をゴムべらでひとすくい加え、円を描くように泡立て器で混ぜてから残りの4を半量加え、ゴムべらでボウルの底からすくい上げるようにして均一になるまで混ぜる。

7 薄力粉を加えてボウルの底からすくい上げるようにして混ぜ、残りの4を加えて同様に混ぜる。

8 型に7を1/5量ほど入れてゴムべらで表面を軽く整え、栗の甘露煮を並べる（a）。残りの7を入れ、カードで表面を平らに整える（b）。

9 予熱したオーブンで30分焼いたのち、160℃に温度を下げて12〜15分焼く。

10 型から出さずにケーキクーラーにのせて10分ほどおく。粗熱がとれたら型から出して冷ます。

✓食べごろ・保存
焼きたてよりも、完全に冷ましたほうがおいしい。
作った当日はチョコレートの味が、
翌日はアーモンドの味が強く感じられる。
保存はラップで包み、冷蔵で5日ほど。
食べるときに室温に戻す。

栗とヘーゼルナッツのタルト

（作り方　46ページ）

栗とカシスの
ヴィクトリアサンドイッチケーキ

（作り方 48ページ）

栗とヘーゼルナッツのタルト

ヘーゼルナッツの風味は栗との相性がよく、
とくに焼き込むと、香ばしさが引き立ちます。
タルトは空焼きすることで、
ざっくり軽やかな食感に焼き上がります。

材料（直径18cmのタルト型1台分）

[タルト生地]
バター — 63g
粉糖 — 40g
アーモンドパウダー — 16g
溶き卵 — 20g
A｜薄力粉 — 105g
　｜ベーキングパウダー — 0.5g

[クレーム・ダマンド]
バター — 55g
粉糖 — 55g
B｜アーモンドパウダー — 20g
　｜ヘーゼルナッツパウダー — 35g
溶き卵 — 45g
薄力粉 — 8g

[フィリング]
栗の渋皮煮（p.12）— 約8個
ヘーゼルナッツ — 12粒

準備

・栗の渋皮煮はペーパータオルで汁けをふき取る。
・タルト生地とクレーム・ダマンドのバターと溶き
　卵は、それぞれ室温に戻す。
・Aは合わせてふるう。
・Bは合わせて粗めのざるでふるう。
・ヘーゼルナッツは160℃のオーブンで8〜10分焼
　き、冷めたら皮を取り除いて半量を粗く砕く。
・タルト生地の空焼き用のオーブンシートを直径
　25cmの円形に切り、周囲に3cm間隔で長さ3cm
　の切り込みを入れる。
・オーブンは天板を入れて170℃に予熱する。

作り方

1 <u>タルト生地を作る。</u>ボウルにバターを入れ、木べらでやわらかくなるまで練り混ぜる。

2 粉糖を2回に分けて加え、そのつど木べらで大きな横長のだ円を描くように30回混ぜる。アーモンドパウダーを一度に加え、同様に混ぜ合わせ、さらに溶き卵を2回に分けて加え、そのつど同様に混ぜる。

3 Aを半量ずつ加え、そのつど木べらでボウルの底からすくい上げるように混ぜる。8割方混ざったらカードに持ち替え、ボウルの底から返すようにして粉が見えなくなるまで全体を混ぜ合わせる。

4 正方形にまとめてラップで包み、冷蔵庫で3時間～ひと晩休ませる。

5 ラップをはずしてふんわりと生地を包み直し、ラップの上からめん棒で軽く押し、少しずつのばす。1cm厚さくらいになったらラップを開き、生地の上に新しいラップをのせてはさむ。生地の両側に3mm厚さのルーラーを置いてめん棒で円形にのばし、ラップにはさんだまま冷蔵庫で20～30分休ませる。

6 ラップをはずして型に生地を敷き込む。型からはみ出した部分はめん棒を当てて落とし、底面にフォークを数カ所刺して穴をあける（ピケ）。

⇒この時点で生地がやわらかい場合は、再度ラップで包み、冷蔵庫で30分ほど休ませる。

7 空焼き用のオーブンシートを6の上に敷き、重し（タルトストーン）をのせる（a）。

8 予熱したオーブンで15分前後焼いて一度取り出し、オーブンシートと重しをはずしてオーブンに戻す。表面が軽く乾くまで5分ほど焼いて冷ます。

9 <u>クレーム・ダマンドを作る。</u>ボウルにバターを入れ、木べらで均一になるまで練り混ぜる。

10 粉糖を2回に分けて加え、そのつど木べらで大きなだ円を描くように30回混ぜる。Bを2回に分けて加え、同様に混ぜる。

11 溶き卵を2回に分けて加え、そのつどなじむまで大きなだ円を描くように30回混ぜ、薄力粉を一度に加えて同様に混ぜる。

⇒ここでオーブンに天板を入れ、再び170℃に予熱する。

12 8に11を入れ、カードで表面を平らに整える（b）。栗の渋皮煮をのせてヘーゼルナッツ（ホールと粗く砕いたもの）を散らす（c）。

13 予熱したオーブンで40～45分焼く。

⇒中心まで香ばしい焼き色がつけば焼き上がり。

14 型から出さずにケーキクーラーにのせて冷まし、粗熱がとれたら型からはずす。

✔ 食べごろ・保存

焼きたてよりも、粗熱がとれたころがおいしい。
タルト生地は湿気やすいので、当日食べない場合は
ラップで包んで冷蔵庫へ。
保存は冷蔵で2日ほど。

栗とカシスのヴィクトリアサンドイッチケーキ

イギリスの定番菓子を栗とカシスでアレンジしました。
栗のやさしくてまろやかな風味にカシスの酸味がいいアクセントに。
深みのある秋らしい味わいです。

材料（直径15×高さ6cmの丸型／共底タイプ1台分）

[生地]

溶き卵 — 100g

きび砂糖 — 70g

A　薄力粉（エクリチュール）— 65g
　　コーンスターチ — 25g
　　ベーキングパウダー — 2g
　　シナモンパウダー — 0.5g

B　マロンペースト（市販品／p.95の25参照）
　　　 — 25g
　　牛乳 — 10g

C　バター — 60g
　　太白ごま油 — 20g

[マロンクリーム]

マロンペースト（市販品／p.95の25参照）— 35g

牛乳 — 10g

ラム酒 — 2g

生クリーム（脂肪分42%前後）— 85g

[フィリング]

栗の渋皮煮（p.12）— 50g

カシスジャム（p.49memo／市販品でも可）— 80g

粉糖 — 適量

準備

・栗の渋皮煮はペーパータオルで汁けをふき取り、7mm角に切る。

・Aは合わせてふるう。

・Bは小さめのボウルにマロンペーストを入れ、牛乳を半量ずつ加え、そのつどゴムべらで均一になるまで混ぜる。

・Cは小さめのボウルに入れ、湯煎にかけて60℃くらいに温めてバターを溶かす。

・型の内側にやわらかくしたバター適量（分量外）をはけで薄く塗り、冷蔵庫で5〜10分冷やして強力粉（分量外／薄力粉で代用可）を薄くまぶす。

・オーブンは天板を入れて170℃に予熱する。

作り方

1 <u>生地を作る</u>。ボウルに溶き卵、きび砂糖を入れ、湯煎にかけてゴムべらで混ぜながら約40℃に温める。

2 ハンドミキサーの高速で生地がもったりするまで3分ほど混ぜ、低速に切り替えて1分混ぜ、キメを整える。

3 Aを2回に分けて加え、そのつどゴムべらで底から返すようにして粉けがなくなるまで混ぜる。

4 Bに3をゴムべらでひとすくい加え、なめらかになるまで混ぜて3のボウルに加え、底から返すように10回くらい混ぜる。

5 Cに4を1/5量加え、泡立て器でなめらかになるまで混ぜて4のボウルに加える。ゴムべらで底から返すように20回混ぜ、型に流し入れる。

6 予熱したオーブンで35〜38分焼く。
⇒焼成途中で生地が大きくふくらむが、
最終的には型より小さく焼き上がる。
焼き上がりの目安は、生地の中央を指の腹で軽く押して、
へこまずに戻ってくれば焼き上がり。

7 焼き上がったらすぐに型から取り出し、ケーキクーラーにのせて粗熱をとり、ラップで包んで冷ます。

8 <u>マロンクリームを作る</u>。小さめのボウルにマロンペーストを入れ、牛乳を2回に分けて加え、そのつどゴムべらでなめらかになるまで混ぜる。ラム酒を加えてなめらかになるまで混ぜ、生クリームを加えて氷水を張ったボウルに当てながら、ハンドミキサーの高速でクリームのツノの先が曲がるくらいまで泡立てる。

9 7のラップをはずして横半分に切り、下の生地の断面にパレットナイフでカシスジャムを塗る（a）。8のマロンクリーム半量を塗り重ね、栗の渋皮煮を全体に広げる（b）。残りのマロンクリームを塗り（c）、上の生地を重ねる。

10 粉糖を茶こしでふるう。

✐ **食べごろ・保存**
作りたてよりも、2時間ほどおいたほうが
生地とクリームがなじんでおいしい。
保存はラップで包み、冷蔵で2日ほど。

---

memo

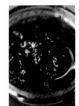

カシスジャムの作り方
（作りやすい分量）
カシス（ホール／冷凍）100g、グラニュー糖74g、レモン果汁8gを鍋に入れて中火にかける。沸騰したら弱火にし、ゆるめのとろみがつくまで混ぜながら煮る。清潔な瓶に入れて冷ます。冷蔵で2週間ほど保存可能。

黒糖とコーヒーのクグロフ・マロン

黒糖入りのコクのある生地にコーヒーとラム酒を加え、
香りよく仕上げました。できたてよりも少しおいたほうが
味がなじむので、贈り物にもおすすめです。

材料(直径15×高さ8cmのクグロフ型1台分)
栗の渋皮煮(p.12) — 約6個

[生地]
バター — 80g
黒糖(粉末) — 72g
アーモンドパウダー — 20g
溶き卵 — 80g
A│薄力粉 — 80g
 │ベーキングパウダー — 2g
B│ラム酒 — 7g
 │インスタントコーヒー(冷水に溶けるタイプ)
 │ — 1.5g

[シロップ]
グラニュー糖 — 10g
水 — 10g
ラム酒 — 10g

[コーヒーアイシング]
粉糖 — 50g
インスタントコーヒー(冷水に溶けるタイプ) — 1g
水 — 10g

準備
・栗の渋皮煮はペーパータオルで汁けをふき取る。
・バターと溶き卵は室温に戻す。
・アーモンドパウダーは粗めのざるでふるう。
・Aは合わせてふるう。
・Bは合わせて混ぜ、コーヒーを溶かす。
・型の内側にやわらかくしたバター適量(分量外)を
　はけで薄く塗り、冷蔵庫で5〜10分冷やして強力
　粉(分量外/薄力粉で代用可)を薄くまぶす。
・オーブンは天板を入れて170℃に予熱する。

作り方

1 <u>生地を作る。</u>ボウルにバター、黒糖を入れてハン
　ドミキサーで混ぜる。最初は低速で混ぜ、全体
　がなじんだら高速に切り替えて白っぽくなるまで
　2分ほど混ぜる。

2 アーモンドパウダーを加え、ハンドミキサーの低
　速でなじむまで混ぜる。

3 溶き卵を8回に分けて加え、7回目まではそのつ
　どハンドミキサーの高速でなめらかになるまで混
　ぜる。7回目を混ぜたあと、Aを1/4量加えて低
　速で混ぜ、残りの溶き卵を加えて低速で混ぜる。
　⇒先に少量の粉類を加えて生地の状態を安定させ、分離を防ぐ。

4 残りのAを半量ずつ加え、そのつどゴムべらでボ
　ウルの底から返すようにして粉けがなくなるまで
　混ぜ、Bを加えて全体がなじむまで同様に混ぜる。

5 型に4を1/3量入れ、ゴムべらで表面を整え(a)、
　栗の渋皮煮を頭を下にして並べる(b)。残りの4
　を入れ、中央が低く、端が高くなるように表面を
　整える(c)。

6 予熱したオーブンで45分前後焼く。
　⇒生地の上面を指の腹で軽く押して弾力があれば焼き上がり。

7 <u>シロップを作る。</u>小鍋にグラニュー糖と分量の水
　を入れて弱火にかけ、グラニュー糖が溶けたら火
　を止める。粗熱がとれたらラム酒を加える。

8 6が焼き上がったらすぐに型から取り出し、ケー
　キクーラーにのせる。表面に7をはけで塗り、粗
　熱がとれたらラップで包んで冷ます。

9 <u>コーヒーアイシングを作る。</u>ボウルに粉糖とイン
　スタントコーヒー、分量の水の9割量を入れ、ゴ
　ムべらで混ぜる。残りの水は様子を見ながら、少
　量ずつとろりとするまで混ぜながら加える。

10 <u>仕上げる。</u>8のラップをはずし、9をスプーンで
　表面に少しずつ垂らして室温で乾かす。

✏ **食べごろ・保存**
半日から1日おくと味がなじむ。
保存はラップで包み、室温(暖かい時期は冷蔵)で5日ほど。

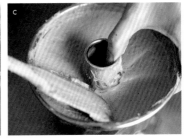

マロンパイ

栗の渋皮煮を丸ごと1粒入れた、
ぷっくりかわいいマロンパイ。
ほおばるたびにパイ生地の香ばしさと
栗のほっくりとした食感を楽しめます。

材料（8個分／直径6×高さ4.5cmのセルクルを使用）
栗の渋皮煮（p.12）— 8個
冷凍パイシート（市販品／p.95の22参照）
　— 2枚
［クレーム・ダマンド］
バター — 53g
粉糖 — 53g
アーモンドパウダー — 53g
溶き卵 — 45g
薄力粉 — 7g
［アイシング］作りやすい分量
粉糖 — 40g
水 — 6〜7g

準備
・栗の渋皮煮はペーパータオルで汁けをふき取る。
・冷凍パイシートは室温に5〜10分おいて解凍する。
・バターと溶き卵は室温に戻す。
・アーモンドパウダーは粗めのざるでふるう。
・薄力粉はふるう。
・天板にオーブンシートを敷く。
・オーブンは200℃に予熱する。

作り方

1　クレーム・ダマンドを作る。ボウルにバターを入れ、木べらで均一になるまで練り混ぜる。

2　粉糖を2回に分けて加え、そのつど大きな横長のだ円を描くように30回混ぜ、アーモンドパウダーを2回に分けて加え、同様に混ぜる。溶き卵を2回に分けて加え、そのつど同様に混ぜる。

3　薄力粉を一度に加えて同様に混ぜ、ラップをかけて冷蔵庫で1〜2時間冷やす。

4　成形する。冷凍パイシートはそれぞれめん棒で20cm角（約3mm厚さ）にのばし、それぞれ10cm角の4等分にして計8枚用意する。シートの周囲にはけで水適量を薄く塗る。

5　3をゴムべらで軽く混ぜてから絞り袋（丸口金直径1cm）に入れ、4の中央に均等に（各25g）絞り、上に栗の渋皮煮を1個ずつのせる。
⇒3を25gずつ計量して、スプーンでパイシートの中央にのせてもよい。

6　生地の四隅を持ち上げて栗の上で留め（a）、生地の合わせ目の4カ所を指でつまんでしっかり留める。閉じ目を下にして四隅を内側に折りたたみ（b）、天板に並べてセルクルをかぶせる（c）。
⇒セルクルの代わりに、同じ直径のマフィン型やプリンカップに入れてもよい。

7　予熱したオーブンで30分焼き、190℃に温度を下げて20分焼く。

8　セルクルをはずし、ケーキクーラーにのせて冷ます。
⇒マフィン型やプリンカップで焼くと、逆さにして型から出すさいに高温の油が流れ出てくる場合があるので火傷に注意。

9　アイシングを作る。小さなボウルに粉糖と分量の水を入れ、スプーンでなめらかになるまでよく混ぜる。

10　8の表面に9をスプーンで細く垂らしながら線を描き、室温で乾かす。

✓食べごろ・保存
焼き上がって冷めたころがおいしい。保存は保存容器などに入れ、室温で2日ほど。食べるときにリベイクする。

栗のバスクチーズケーキ

栗のまろやかな風味とクリームチーズの
ほのかな酸味がくせになります。
マロンペーストに含まれる砂糖を利用するため
甘みを加えずに作ります。

材料（直径15×高さ6cmの丸型／底取れタイプ1台分）

栗の渋皮煮（p.12）― 6〜8個

［生地］

マロンペースト（市販品／p.95の25参照）― 180g

ラム酒 ― 10g

クリームチーズ ― 180g

溶き卵 ― 100g

生クリーム（脂肪分45%）― 180g

薄力粉 ― 8g

準備

・ 栗の渋皮煮はペーパータオルで汁けをふき取る。

・ マロンペースト、クリームチーズ、溶き卵は室温
  に戻す。

・ 薄力粉はふるう。

・ オーブンシートを30×35cmに切り、水でぬらし
  てかたく絞って広げ、型に敷き込む（a）。

・ オーブンは天板を入れて240℃に予熱する。

作り方

1 生地を作る。ボウルにマロンペーストとラム酒を
  入れ、木べらで均一になるまで練り混ぜる。クリー
  ムチーズを加えて同様に混ぜる。

2 溶き卵を2回に分けて加え、そのつど泡立て器で
  円を描くようにして混ぜる。生クリームを2回に
  分けて加え、同様に混ぜ、さらに薄力粉を一度
  に加えて同様に混ぜる。

3 型に2を1cm高さほど流し入れて表面をゴムべ
  らで整え、栗の渋皮煮を並べる（b）。残りの2を
  流し入れ、ゴムべらで表面を平らに整える。

4 予熱したオーブンを230℃に下げて、25〜28分
  焼く。

5 型から出さずにケーキクーラーにのせて冷まし、
  型の上にペーパータオルとラップをかぶせて輪ゴ
  ムで留め、冷蔵庫でひと晩休ませる。
  ⇒ラップだけかぶせるとケーキの上に水滴がつくため、
  先にペーパータオルをかぶせる。

6 型から取り出してオーブンシートをはがす。

✎ **食べごろ・保存**
焼いた当日よりも、1日おいたほうが味が落ち着く。
保存はラップで包み、冷蔵で3日ほど。

栗とコーヒーのバターサンド

（作り方　60ページ）

栗とほうじ茶のパウンドケーキ

和栗のほっくりとした食感とほうじ茶の
香ばしい風味が懐かしい、ほっとする味わいです。
2種類の生地を組み合わせることで、
食感や味の変化を楽しめます。

材料(約23×4.5×高さ6cmのスリムパウンド型1台分)
栗の渋皮煮(p.12) ― 5〜6粒

[パウンド生地]
マロンペースト(市販品/p.95の25参照) ― 40g
バター ― 46g
グラニュー糖 ― 43g
アーモンドパウダー ― 8g
A | 溶き卵 ― 20g
  | 卵黄 ― 20g
ラム酒 ― 6g
B | 強力粉 ― 20g
  | コーンスターチ ― 20g
  | ベーキングパウダー ― 0.8g

[ダックワーズ生地]
卵白 ― 38g
グラニュー糖 ― 20g
C | アーモンドパウダー ― 33g
  | 粉糖 ― 17g
  | 茎ほうじ茶 ― 2g
  | ⇒ミルで粉末状にする。

粉糖(仕上げ用) ― 適量
茎ほうじ茶(仕上げ用) ― 適量
⇒ナイフでダックワーズ生地のものより粗めに刻む。

準備
・ 栗の渋皮煮はペーパータオルで汁けをふき取る。
・ マロンペースト、バターは室温に戻す。
・ Aはボウルに入れて混ぜ、室温に戻す。
・ Bは合わせてふるう。
・ 卵白は冷蔵庫で冷やす。
・ Cは合わせて粗めのざるでふるう。
・ オーブンシートは型よりも1.5cmほど高さが出る
  ように切り、折り目をつけて四隅の重なる部分に
  切り込みを入れ、型に敷き込む。
・ オーブンは天板を入れて170℃に予熱する。

作り方

1 <u>パウンド生地を作る。</u>ボウルにマロンペーストを入れ、バターを4回に分けて加え、そのつど木べらで均一になるまで練り混ぜる。

2 グラニュー糖を3回に分けて加え、そのつど木べらで大きな横長のだ円を描くように30回混ぜ、アーモンドパウダーを一度に加え、同様に混ぜる。

3 Aを4回に分けて加え、そのつど木べらで乳化するまで混ぜる。
⇒分離しそうになったら先にBを少量加え、よく混ぜ合わせてから次の卵を加える。

4 ラム酒を加えて混ぜる。

5 Bを2回に分けて加え、そのつど木べらでボウルの底からすくい上げるようにして粉けがなくなるまで混ぜる。

6 絞り袋(丸口金直径1cm)に入れ、型の底に直線状に3本絞り(a)、その上に栗の渋皮煮を横に寝かせて並べる(b)。残りの生地を栗の上に絞り(c)、ゴムべらで表面を平らに整える(d)。

7 <u>ダックワーズ生地を作る。</u>ボウルに卵白を入れ、ハンドミキサーの低速で30秒混ぜてほぐす。高速に切り替えて混ぜ、グラニュー糖を3回に分けて加え、そのつど泡立てる。3回目を加えたあと、メレンゲのツノがピンと立つまで撹拌する。

8 Cを5回に分けて加え、そのつどゴムべらでボウルの底から返すようにして混ぜる。
⇒7〜8割方混ざったところで、次を加える。

9 別の絞り袋(丸口金直径1cm)に入れ、6の上に直線状に3本絞る。さらに直径約2cm大の球形を1列につき約11個絞り(e)、同様にもう1列絞る。

10 仕上げ用の粉糖を茶こしで2回に分けてふるい(f)、仕上げ用のほうじ茶を全体に散らす。

11 予熱したオーブンで42〜45分焼く。

12 すぐにオーブンシートごと型から取り出し、ケーキクーラーにのせてオーブンシートをはがして冷まします。

🖊 **食べごろ・保存**
焼いた当日よりも、翌日以降のほうがアーモンドのうまみがしっかり感じられる。
保存はラップで包み、室温(暖かい時期は冷蔵)で5日ほど。

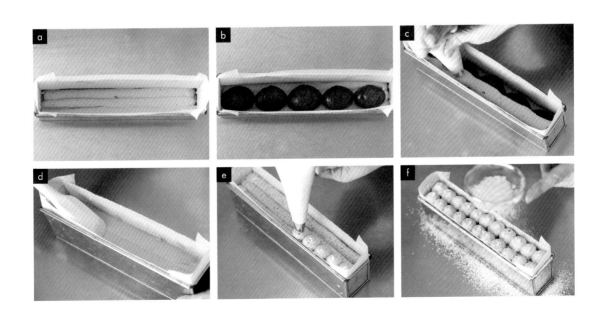

栗とコーヒーのバターサンド

コーヒー風味のクッキーでマロンの
バタークリームと栗の渋皮煮をサンドしました。
バターのコク、栗の甘み、コーヒーの
ほろ苦さが合わさり、極上の味わいです。

材料（直径5.8cm10個分）
栗の渋皮煮（p.12） ― 100g
[コーヒークッキー]
バター ― 60g
A│ 粉糖 ― 45g
 │ 食塩 ― 0.4g
アーモンドパウダー ― 12g
B│ 溶き卵 ― 15g
 │ インスタントコーヒー（冷水に溶けるタイプ）
 │ ― 2.5g
薄力粉 ― 110g
[マロンバタークリーム]
マロンペースト（市販品／p.95の25参照） ― 90g
ラム酒 ― 10g
バター ― 180g

準備
・ 栗の渋皮煮はペーパータオルで汁けをふき取り、
 約2×1cm大に切る。
・ コーヒークッキーとマロンバタークリームのバター、
 マロンペーストは室温に戻す。
・ Aは合わせる。
・ Bは合わせて混ぜ、コーヒーを溶かす。
・ 薄力粉はふるう。
・ 天板にオーブンシートを敷く。
・ オーブンは170℃に予熱する。
・ マロンバタークリーム用のオーブンシートを30cm
 角×2枚用意する。

作り方

1 <u>コーヒークッキーを作る。</u>ボウルにバターを入れ、木べらでやわらかくなるまで練り混ぜる。

2 Aを2回に分けて加え、そのつど木べらで大きな横長のだ円を描くように30回混ぜる。アーモンドパウダーを一度に加えて同様に混ぜ、Bを2回に分けて加え、同様に混ぜる。

3 薄力粉を半量ずつ加え、そのつど木べらでボウルの底からすくい上げるように混ぜる。8割方混ざったらカードに持ち替え、ボウルの底から返すようにして粉が見えなくなるまで全体を混ぜ合わせる。

4 正方形にまとめてラップで包み、冷蔵庫で3時間〜ひと晩休ませる。

5 ラップをはずしてふんわりと生地を包み直し、ラップの上からめん棒で軽く押し、少しずつのばす。1cm厚さくらいになったらラップを開き、生地の上に新しいラップをのせてはさむ。生地の両側に3mm厚さのルーラーを置いてめん棒でのばし、ラップにはさんだまま冷凍庫で15分ほど休ませる。

6 ラップをはずして直径5.8cmの丸型で抜き、天板に並べる。残った生地はひとまとめにして5と同様にのばして丸型で抜き、天板に並べる。全部で20枚用意する。

7 予熱したオーブンで16〜18分焼き、取り出してケーキクーラーにのせて冷ます。

8 <u>マロンバタークリームを作る。</u>ボウルにマロンペーストとラム酒を入れ、木べらで均一になるまで練り混ぜる。バターを2回に分けて加え、そのつど均一になるまで混ぜ、さらに栗の渋皮煮を加えて同様に混ぜる。

9 マロンバタークリーム用のオーブンシート1枚を広げて8をのせ、ゴムべらで正方形に整えて（a）もう1枚のオーブンシートをのせてはさむ。両側に1cm厚さのルーラーを置いてめん棒でのばし（b）、オーブンシートにはさんだまま冷蔵庫で1時間ほど冷やしかためる。

10 台の上に7のクッキー10枚と冷蔵庫から出した9を置き、上のオーブンシートをはがす。

11 直径5.8cmの丸型を50℃くらいの湯につけて温め、ペーパータオルで水けをふき取り、10のクリームを抜く（c）。そのまま並べたクッキーの上にのせ、そっと型からはずす（d／クリームが崩れやすいので注意）。残ったクリームはまとめて9と同様にのばし、冷蔵庫で冷やしてから丸型で抜き、同様にクッキーの上にのせる。

12 残りのクッキーを11の上に重ねてサンドする。

📝 **食べごろ・保存**

作りたてはクッキーがサクッとして香ばしさがある。
時間がたつと湿気って風味が薄まるので当日中に食べるのがおすすめ。すぐに食べない場合はラップで包んで冷凍保存し、食べる3〜4時間前に冷蔵室に移して解凍する。

栗と全粒粉のスコーン

全粒粉入りのざっくりした生地に
粗く刻んだ渋皮煮を混ぜ込みました。
焼きたては焼き栗のような甘みを感じます。
栗ジャムや栗バターとの相性も抜群です。

材料（直径5.8cmの丸型6個＋小さな余り2個分）

栗の渋皮煮（p.12）― 80g

［生地］

A｜ 薄力粉 ― 120g
　｜ 強力粉 ― 60g
　｜ 全粒粉 ― 30g
　｜ ベーキングパウダー ― 8g

塩 ― ひとつまみ

バター ― 55g

きび砂糖 ― 30g

B｜ 牛乳 ― 60g
　｜ プレーンヨーグルト ― 30g

溶き卵 ― 適量

準備

・ 栗の渋皮煮はペーパータオルで汁けをふき取り、
　1.5cm角に切る。
・ Aは合わせてふるう。
　⇒暖かい時期は、ふるったあとは冷蔵庫で冷やす。
・ バターは1cm角に切り、冷蔵庫で冷やす。
・ Bは合わせて冷蔵庫で冷やす。
・ 天板にオーブンシートを敷く。
・ オーブンは190℃に予熱する。

作り方

1 ボウルにA、塩、バターを入れ、カードでバター
　を刻む。バターが細かくなったら手のひらでこす
　り合わせるようにして全体を混ぜる。粉状になっ
　たらきび砂糖を加え、手早く混ぜる。
　⇒手の熱でバターが溶けないように手早く行う。

2 Bを加え、ゴムべらで切るように混ぜる。8割ほ
　どまとまってきたら栗の渋皮煮を加えて混ぜ、1
　つにまとめる。
　⇒ここで生地を混ぜすぎないのがふわっと焼き上げるコツ。

3 打ち粉（強力粉）適量（分量外）をした台に2をの
　せ、長方形に整えて手で軽くおさえ、カードで半
　分に切って重ねる。

4 再度上から生地を手で軽くおさえ、同様にカード
　で半分に切って重ねる（a）。
　⇒生地がボロボロしてまとまらない場合は、再度繰り返す。

5 めん棒で2cm厚さ、約14cm角の正方形にのば
　す。直径5.8cmの丸型に打ち粉（強力粉）適量（分
　量外）をし、4個抜いて（b）天板に並べる。
　⇒型の内側と外側に打ち粉をつけるときれいに抜ける。

6 余った生地はなるべく練らないように1つにまと
　め、5と同様に丸型で2個抜ける大きさにのばし
　て抜く。最後に余った生地は2等分にし、うず巻
　き形にまとめ、すべて天板に並べる（c）。

7 溶き卵を生地の表面にはけで塗り、予熱したオー
　ブンで20分ほど焼く。

8 取り出してケーキクーラーにのせて冷ます。

　✐食べごろ・保存
　焼き上がって粗熱がとれたころがおいしい。
　時間がたつとかたくなるので、当日中に食べるのがおすすめ。
　保存はラップで包み、室温で2日ほど。
　食べるときにリベイクする。

マロンシャンテイ

和栗の風味を堪能できるデザート。
材料が少なくて簡単ですが、それだけでエレガントな
おいしいひと皿になります。
好みで生クリームにラム酒やブランデーをプラスしても。

材料（約160mℓのグラス1個分）
栗のペースト（粗タイプまたは細タイプ／p.20）
　　— 50g
生クリーム（脂肪分42％前後のもの）— 60g

作り方

1　栗のペーストは粗めのざるで裏ごしする（a）。
　⇒ペーストを裏ごすことでふんわりと盛りつけられる。

2　ボウルに生クリームを入れ、氷水を張ったボウル
　に当てながら、ハンドミキサーの高速で持ち上げ
　た羽からクリームがぽってりとゆっくり落ちるく
　らいに泡立てる。

3　グラスに2をスプーンで8割量ほど入れて表面を
　軽く整える（b）。

4　上に1をスプーンでつぶさないようにふんわりと
　のせる（c）。

5　残りの生クリームをスプーンですくって、こんも
　りとのせる。

🔖**食べごろ・保存**
風味が飛びやすいので、作りたてがおいしい。
時間をおく場合はラップをかけて冷蔵し、当日中に食べる。

栗のアイス2種
洋栗アイス（左）／和栗アイス（右）

洋栗の濃厚な味、和栗のやさしい風味、それぞれを生かすため、
ごくごくシンプルな配合にしました。
冷やしすぎるとかたくなるので、食べる少し前に冷蔵庫に移して練り直すと
口溶けがよくなり、おいしくいただけます。

材料(作りやすい分量)

● 洋栗アイス

牛乳 — 200g

水あめ — 20g

卵黄 — 50g

グラニュー糖 — 15g

マロンペースト(市販品／p.95の25参照)
　— 80g

ラム酒 — 8g

生クリーム(脂肪分45%) — 80g

● 和栗アイス

牛乳 — 200g

水あめ — 20g

卵黄 — 50g

グラニュー糖 — 30g

栗のペースト(粗タイプまたは細タイプ／ p.20)
　— 80g

生クリーム(脂肪分45%) — 80g

準備(2種共通)

・ボウルに生クリームを入れ、氷水を張ったボウル
　に当てながら、ハンドミキサーの高速でクリーム
　のツノの先が曲がるくらいまで攪拌し、冷蔵庫で
　冷やす。

作り方(2種共通)

1　鍋に牛乳、水あめを入れて火にかけ、ゴムべらで
　　混ぜながら温め、鍋肌がふつふつしてきたら火を
　　止める。

2　ボウルに卵黄とグラニュー糖を入れ、泡立て器で
　　1〜2分混ぜる。

3　1を少しずつ加えながら泡立て器で混ぜる。

4　1の鍋に戻し入れて弱火にかけ、ゴムべらで混ぜ
　　ながらとろみがつくまで約83℃に加熱して火を
　　止める。熱いうちに裏ごしをしてボウルに移す。

5　別のボウルにマロンペーストまたは栗のペースト
　　を入れ、4を数回に分けて加え、そのつど泡立て
　　器でなめらかになるまで混ぜる。

　　⇒4を一度に加え、
　　ブレンダーでなめらかになるまで攪拌してもOK。

6　氷水を張ったボウルに当てて冷やしながら泡立て
　　器で混ぜる。洋栗アイスはここでラム酒を加えて
　　混ぜる。

7　準備した生クリームを冷蔵庫から取り出し、6を
　　1/5量加えて泡立て器で混ぜる。全体がなじんだ
　　ら残りの6を加えて同様に混ぜる。

8　保存容器に入れて冷凍庫で3時間冷やしかため、
　　一度取り出してスプーンで全体を混ぜる。再び
　　冷凍庫に入れて冷やしかため、1〜2時間ごとに
　　同様に混ぜる。ねっとりとかたまるまで同じ作業
　　を繰り返す(3〜4回目安)。

　　⇒完全にかたまったら、容器から出して適当なサイズにカットし、
　　フードプロセッサーにかけるとよりなめらかになる。

🍴食べごろ・保存

ねっとりとかたまったら食べごろ。保存は保存容器に入れて
冷凍で2週間ほど。食べるときは冷蔵室に移して30分ほどおき、
練り直すとちょうどよいやわらかさになる。

栗のあれこれを
盛り合わせて

洋と和の
栗パフェを
楽しむ

栗とカシスのパフェ（作り方 p.70）

濃厚な洋栗に華やかな酸味のカシス
を組み合わせて。クッキーやヘーゼ
ルナッツを添えてカリカリした食感を
アクセントに。

栗とほうじ茶のパフェ（作り方 p.70）

栗と相性のよいほうじ茶を組み合わ
せた和風のパフェ。香ばしいほうじ
茶のゼリーは渋皮煮のシロップを活
用して作ります。

栗とカシスのパフェ

1人分（150mℓのグラス1個分）

【組み立て】
カシスジャムをグラスの底に入れ、その上にカシスアイスをスプーンですくってのせる。スポンジケーキを詰めて生クリームをスプーンですくってのせ、ヘーゼルナッツと小さく切った渋皮煮を散らす。栗のペーストを円を描くように2周ほど絞り、洋栗アイスをスプーンですくってこんもりと盛る。最後にクッキーをさして半分に切った渋皮煮をのせる。

洋栗アイス（p.66）— 適量

クッキー（市販）— 1枚

栗の渋皮煮（p.12）— 1個
⇒2等分に切り、1かけをさらに3～4等分に切る。

栗のペースト（細タイプ／p.20）— 約30g
⇒牛乳少々を混ぜて絞りやすいかたさに調節し、モンブラン用口金をつけた絞り袋に入れて絞る。

ヘーゼルナッツ — 3～4粒
⇒170℃のオーブンで12分焼き、冷めたら皮を取り除く。

生クリーム — 約20g
⇒泡立て器でクリームのツノの先が曲がるくらいまで泡立てる。

スポンジケーキ（市販品）— 適量
⇒グラスの内径に合わせて円形に切る。

カシスジャム（p.49 memo）— 適量

カシスアイス — 適量
⇒市販のバニラアイス適量にp.49memoのカシスジャム適量を混ぜる。

栗とほうじ茶のパフェ

1人分（150mℓのグラス1個分）

【組み立て】
ほうじ茶ゼリーをスプーンですくってグラスの底に入れ、その上に生クリームをスプーンですくってのせる。2～3等分に切った甘露煮を散らしてスポンジケーキをのせ、栗そぼろをスプーンですくってふんわりとのせる。和栗アイスをディッシャーですくってのせ、最後に栗の甘露煮とウエハースをトッピングする。

memo
ほうじ茶ゼリーの作り方（作りやすい分量）
鍋に栗の渋皮煮（p.12）のシロップ200gと水100gを入れて火にかける。沸騰したら火を止め、茎ほうじ茶10gを加えて軽く混ぜ、ふたをして3分蒸らす。茶こしでこしながらボウルに移して重さを量り、300gになるように水を足す。鍋に戻し入れ、軽く沸騰させて火を止め、粉ゼラチン（湯にそのまま入れて溶かすタイプ）3gを加えてゴムべらで混ぜて溶かす。容器に入れて室温で冷まし、冷蔵庫で3時間以上冷やす。

ウエハース（市販品）— 1枚

栗の甘露煮（p.16）— 1個

和栗アイス（p.66）— 適量

栗そぼろ — 30～50g
⇒ p.20の栗のペースト（粗タイプまたは細タイプ）を粗めのざるで裏ごしする。

スポンジケーキ（市販品）— 適量
⇒食べやすい大きさに切る。

栗の甘露煮（p.16）— 2個
⇒それぞれ2～3等分に切る。

生クリーム — 約20g
⇒泡立て器でクリームのツノの先が曲がるくらいまで泡立てる。

ほうじ茶ゼリー（左記 memo）— 約50g
⇒スプーンですくい入れる。

Chapter 2

ほっこり
素朴な味わい

栗の和菓子

バターなどの乳製品を使わない和菓子は、
繊細な和栗のおいしさを最大限に引き出してくれます。
ここでは、手間のかかるあん作りは省いて
家庭でも手軽に作ることができるレシピを提案しています。
甘露煮の鮮やかな黄色は特別感があり、
ペーストの淡い茶色は落ち着きのある秋色。
和色の美しさが楽しめるのも、栗の和菓子ならではです。

栗と抹茶の浮島

（作り方　74ページ）

72

栗と抹茶の浮島

白あんとメレンゲで作るスポンジのような和菓子です。
しっとり軽やかな食感でお茶菓子にぴったり。
プレーンと抹茶2種類の生地を重ね、
彩りも楽しめるようにしました。

材料(14×11cmの流し缶* 1台分)
栗の甘露煮(p.16) ― 100g
白あん(市販品/p.95の23参照) ― 160g
卵黄 ― 30g

A | 上新粉 ― 8g
　 | 薄力粉 ― 4g

B | 上新粉 ― 6g
　 | 薄力粉 ― 4g
　 | 抹茶 ― 2g

卵白 ― 55g
上白糖 ― 25g

＊同サイズの耐熱性バットやコンテナなどでも代用可。

準備

・ 栗の甘露煮はペーパータオルで汁けをふき取り、
　 約2×1.5cm大に切る。
・ オーブンシートは流し缶よりも1cmほど高さが出
　 るように切り、折り目をつけて四隅の重なる部分
　 に切り込みを入れ、抜き板を入れた流し缶に敷き
　 込む。
・ 蒸し器に水を張り、ふきんを巻いたふたをして加
　 熱する(a)。

作り方

1 ボウルに白あんと卵黄を入れ、ゴムべらで混ぜ合
　 わせる。

2 2等分(1つにつき95g)にしてそれぞれボウルに
　 入れる。1つにAを加えてゴムべらで混ぜる(プ
　 レーン生地)。もう1つに水小さじ1を加えて混
　 ぜ、Bを加えてさらに混ぜる(抹茶生地)。
　 ⇒抹茶は吸水率が高く生地がかたくなりやすいので、
　 少量の水を加える。

3 別のボウルに卵白を入れ、ハンドミキサーの低速
　 で30秒混ぜてほぐす。高速に切り替えて上白糖
　 を加え、メレンゲのツノの先が曲がるくらいまで
　 泡立てる。
　 ⇒泡立てすぎるとボソボソになるので注意。

4 3を2等分にして、2のAとBのボウルにそれぞ
　 れ2回に分けて加え、そのつどゴムべらでボウル
　 の底からすくい上げるようにして、メレンゲが見
　 えなくなるまで混ぜる。
　 ⇒メレンゲは放置するとボソボソになりやすいので、
　 使う直前に再度混ぜ、なめらかな状態にしてから使うとよい。

5 流し缶にBの抹茶生地を流し入れ、カードで表
　 面を平らに整え(b)、栗の甘露煮を並べる(c)。

6 上からAのプレーン生地を流し入れ、同様に表
　 面を整える(d)。

7 湯気が上がった蒸し器に入れ(e)、最初はふたを
　 少しずらして10分、その後ふたをして25分、弱
　 めの中火で蒸す。

8 オーブンシートごと流し缶から取り出し、乾燥し
　 ないようにかたく絞ったぬれぶきんをかぶせて冷
　 ます(f)。完全に冷めたらオーブンシートをはが
　 し、端を切り落として12等分(1辺約2.5×4cm)
　 に切る。

食べごろ・保存

作った当日が一番おいしい。抹茶は色があせやすいので
すぐに食べない場合は、ラップで包んでから
アルミホイルで包み、冷蔵庫へ。
保存は冷蔵で4日ほど。食べるときは室温に戻す。

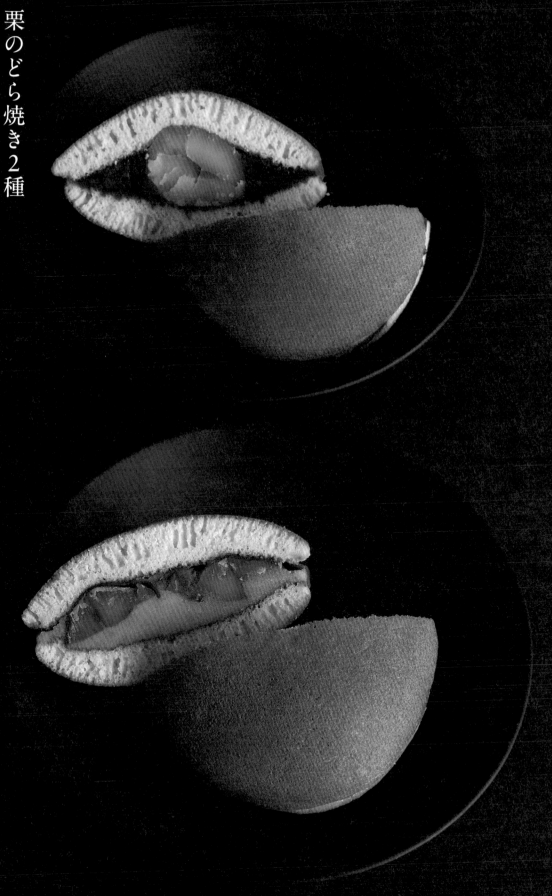

栗のどら焼き2種

粒あん＆栗の甘露煮（上）／栗あん＆栗の渋皮煮（下）

和菓子の定番どら焼きも、栗をはさむと
一気に 秋到来の気分が盛り上がります。
生地を焼くときは、少し高い位置から
フライパンに生地を流すと形が丸く整います。

材料(直径8cm 8個分／2種共通)

[生地]
溶き卵 — 100g
上白糖 — 95g
A｜ はちみつ — 8g
　｜ 本みりん — 5g
薄力粉 — 110g
B｜ 重曹 — 1.5g
　｜ 水 — 23g
太白ごま油 — 適量

●**粒あん & 栗の甘露煮**(4個分)
栗の甘露煮(p.16) — 4個
粒あん(市販品／p.95の23参照) — 120g

●**栗あん & 栗の渋皮煮**(4個分)
栗の渋皮煮(p.12) — 3個
栗のペースト(細タイプ／ p.20) — 60g
白あん(市販品／p.95の23参照) — 60g

準備(2種共通)
・ 栗の甘露煮、栗の渋皮煮はペーパータオルで汁け
　をふき取り、渋皮煮は縦4等分に切る。
・ 栗のペーストと白あんを混ぜて栗あんを作る。
・ 溶き卵は室温に戻す。
・ 薄力粉はふるう。
・ Bは混ぜ合わせる。

作り方(6まで2種共通)

1 生地を作る。ボウルに溶き卵と上白糖を入れ、泡
　立て器で1分ほど泡立てる。

2 Aを加えて混ぜ合わせ、薄力粉を加えて泡立て器
　ですくい上げながら混ぜる。さらにBを加えて同
　様に混ぜる。

3 ラップをかけて室温で30分ほど休ませる。

4 フライパンまたはホットプレートを弱火で温め、
　太白ごま油をしみ込ませたペーパータオルで表面
　をふき、油をなじませる。
　⇒ふたつきの大きくて四角いホットプレートがあると
　一度に何枚も焼けるので便利。
　フライパンの場合は傾斜があると生地が流れて
　丸くなりにくいので、フラットなフライパンで焼くとよい。

5 3を大さじ1強を目安に、スプーンですくって少
　し高い位置から4のフライパンに流す。
　⇒少し高い位置から生地を流すことで形が丸く整いやすい。

6 ふたをしてときどき様子を見ながら、表面にうっ
　すら気泡が出てきたらひっくり返し、30秒ほど焼
　いて台などの上に取り出す。同様に計16枚焼く。
　⇒焼き上がったら乾燥しないよう、かたく絞ったぬれぶきんや
　ラップをかぶせておくとよい。

7 粒あん & 栗の甘露煮を仕上げる。6の生地4枚
　に粒あんを1/4量ずつのせ、パレットナイフや木
　べらで山なりに整えてあんの中央をくぼませ(a)、
　栗の甘露煮(大きい場合は適宜切る)を1個ずつ
　のせる(b右)。残りの生地4枚をそれぞれ重ねて
　手のひらで包み込むようにして密着させる(c)。

8 栗あん & 栗の渋皮煮を仕上げる。6の生地4枚
　に栗あんを1/4量ずつのせ、パレットナイフや木
　べらで山なりに整える。栗の渋皮煮を3切れずつ
　のせ(b左)、残りの生地4枚をそれぞれ重ねて手
　のひらで包み込むようにして密着させる。

🖊 **食べごろ・保存**
半日〜1日おくと生地がしっとりとしておいしい。
保存はラップで包み、室温(暖かい時期は冷蔵)で3日ほど。

栗蒸しようかん

こしあんに小麦粉を加えて蒸すことで、
独特のむっちりとした食感が生まれます。
甘露煮をごろごろと入れて、
自家製ならではのぜいたくを楽しみましょう。

材料（14×11cmの流し缶＊ 1台分）
栗の甘露煮(p.16) ― 220g
こしあん（市販品／p.95の23参照）― 300g
薄力粉 ― 25g
片栗粉 ― 6g
上白糖 ― 15g
塩 ― 少々
湯(60℃) ― 65g
＊同サイズの耐熱性バットやコンテナなどでも代用可。

準備

・ 栗の甘露煮はペーパータオルで汁けをふき取り、
　縦半分に切る。
・ オーブンシートは、流し缶よりも1cmほど高さが
　出るように切り、折り目をつけて四隅の重なる部
　分に切り込みを入れ、抜き板を入れた流し缶に敷
　き込む。
・ 蒸し器に水を張り、ふきんを巻いたふたをして加
　熱する(p.75のα参照)。

作り方

1 ボウルにこしあん、薄力粉、片栗粉を入れ、手
　で練るようによく混ぜる。全体が混ざったら上白
　糖、塩を加え、同様に混ぜる。

2 分量の湯を3回に分けて加え、そのつどゴムべら
　で均一になるまで混ぜる。とろっとなめらかに
　なったら栗の甘露煮を加えて混ぜる。

3 流し缶に流し入れ(a)、表面をカードで平らに整
　える(b)。

4 湯気が上がった蒸し器に入れ、ふたをして(c)弱
　めの中火で50分ほど蒸す。
　⇒途中様子を見て、湯が減ったら適宜湯適量を足す。

5 蒸し上がったら熱いうちにカードで表面を整えて
　なめらかにし、室温で冷ます。粗熱がとれたらオー
　ブンシートごと流し缶から出す。完全に冷めたら
　オーブンシートをはがしてラップで包み、半日(4
　～6時間)おいてからラップをはずし、端を切り
　落として16等分(1辺約1.5×4.8cm)に切る。
　⇒冷めてもしばらくやわらかいので、半日ほどおいてから切る。

✓**食べごろ・保存**
半日～ひと晩おいて食べるとよい。
保存はラップで包み、冷蔵で5日ほど。
食べるときは室温に戻す。

栗の琥珀糖
こはくとう

すりガラスのようなテクスチャーが美しい琥珀糖。
甘露煮の美しい色彩がまるでモザイクのようで、
しばらく眺めていたくなるお菓子です。
シャリッとした食感がクセになります。

材料（14×11cmの流し缶＊ 1台分）
栗の甘露煮（p.16）— 150g
粉寒天 — 6g
水 — 230g
グラニュー糖 — 340g
柚子ピール（市販品）— 20g
＊同サイズのバットやコンテナなどでも代用可。

準備
・ 栗の甘露煮はペーパータオルで汁けをふき取り、
　7mm角に切る。
　⇒茶色く変色した部分があれば取り除き、
　できるだけ色がきれいな部分を使用する。
・ 柚子ピールは2〜3mm幅に刻む。
・ 流し缶は抜き板をはずし、軽く水でぬらす。

作り方

1　鍋に分量の水と粉寒天を入れ、ゴムべらで混ぜ
　ながら弱めの中火にかける。沸騰したら弱火にし
　て2分ほど混ぜながら加熱し、寒天を溶かす。

2　グラニュー糖を加えて混ぜながら煮詰め、ゴムべ
　らを持ち上げたときに液が糸を引いて垂れるよう
　になったら火を止める。
　⇒アクが出たらスプーンですくい取る。

3　栗の甘露煮と柚子ピールを加えて混ぜ、流し缶
　に流し入れて室温で冷ます。途中、約15分後と
　30分後（とろみが強くなってきたころ）に、スプー
　ンで上下を入れ替えるように軽く混ぜる。
　⇒そのままおくと栗が上半分に浮いた状態で
　かたまってしまうので、途中で混ぜて栗の位置を均一にする。

4　室温で冷ましたら、ラップをかけて冷蔵庫で2時
　間以上冷やす。

5　流し缶の側面にパレットナイフを入れてはがし、
　流し缶を斜めにして底部分を少し浮かせてから
　逆さにして取り出し、1辺約4.5cm×7mmに切
　る（a）。

6　オーブンシートの上に並べ、室温で3〜5日乾燥
　させる（b）。半日〜1日に一度裏返して両面をしっ
　かり乾燥させ、砂糖が再結晶化して表面がシャ
　リッとするまでおく。
　⇒ラップはかけずに乾かす。
　乾燥させる日数は湿度や温度によって異なるので、
　様子を見ながら行う。

食べごろ・保存
砂糖が再結晶化して、
表面がすりガラスのようになったら食べごろ。
保存は保存容器に入れ、冷蔵で2週間ほど。
食べるときは室温に戻す。

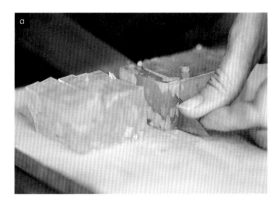

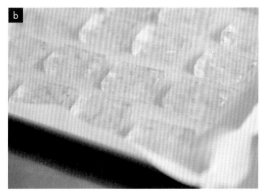

栗きんとん

（作り方 84ページ）

栗最中

（作り方　85ページ）

栗きんとん

栗の和菓子といえば、
真っ先に頭に浮かぶのがこのお菓子ですが、
栗ペーストを作っておけば手軽に作れます。
和栗そのものの繊細な風味を思う存分堪能してください。

材料（6個分）
栗のペースト（粗タイプまたは細タイプ／p.20）
　—180g
⇒栗のつぶつぶ感があるほうが好きな場合は粗タイプ、
しっとりなめらかなほうが好きな場合は細タイプを。

作り方

1　栗のペーストを6等分（1つにつき30g）にする。
2　軽く湿らせたふきん、またはさらし（ラップでも
　可）を手のひらに広げ、1をのせて包み、ふきん
　をねじって絞る（a）。そのまま絞り口をおさえて、
　反対の手の親指の付け根あたりにきんとんの底を
　軽く押しつけて形を整え（b）、ふきんをゆっくり
　開く（c）。同様に計6個作る。

🔖 **食べごろ・保存**
作りたてがおいしい。
保存は乾燥しないようにラップで包み、冷蔵で3日ほど。
食べるときは室温に戻す。

栗最中（もなか）

市販のあんと、最中の皮、
それに栗の甘露煮があればすぐに作れます。
おやつはもちろん、
おもてなしにも重宝します。

材料（6個分）
栗の甘露煮（p.16）— 6個
最中の皮（市販品／縦5.5×横5.8cm／下記 memo）
　— 6組
粒あん（市販品／p.95の23参照）— 240g

準備
・栗の甘露煮はペーパータオルで汁けをふき取る。
・粒あんは6等分（1つにつき40g）にする。

作り方

1　最中の皮の下になるほうに粒あんをのせ、木べら
　で山なりに整える。

2　あんの中央をくぼませて栗の甘露煮を1個のせ、
　上になる皮を重ねる。同様に計6個作る。

⇒渋皮煮や甘露煮を小さく刻んで、白あんやこしあんなど
好みのあんと混ぜ合わせてもおいしい。
p.66の栗のアイス2種のほか、
市販のバニラアイスにマロンペーストを絞ったり、
好みのアイスを挟んで、アイス最中として楽しんでも。

✐ 食べごろ・保存
作りたてがおいしい。
最中の皮が湿気やすいので、食べる分だけ詰めて
当日中に食べるとよい。

memo
**好みの最中の皮で
作るのも楽しい**

市販の最中の皮は、形やデザインの
バリエーションが豊富。ネット通販
をしているお店もあるので、自分好
みの皮を探すのも楽しい。いろいろ
な具材やあんを用意して、家族や友
人と作るのもおすすめ。

栗粉もち

栗と砂糖だけで作る栗のペーストをそぼろ状にして、
やわらかいおもちにたっぷりとかけていただく
素朴ながらぜいたくなお菓子。
おもちは白玉粉を使ってレンジで手軽に作ります。

材料（5個分）

［栗そぼろ］
栗のペースト（粗タイプまたは細タイプ／ p.20）
　— 200g

［もち］
白玉粉 — 100g
上白糖 — 20g
水 — 150g

作り方

1 栗そぼろを作る。栗のペーストは粗めのざるで裏
　ごしする。半量を1/5量ずつ皿5枚に広げる。

2 もちを作る。耐熱容器に白玉粉と上白糖を入れ
　る。分量の水から100gを加え、ゴムべらでよく
　混ぜて白玉粉を完全に溶かす。残りの水を半量
　ずつ加え、そのつどゴムべらでよく混ぜる。

3 ラップをふんわりとかけて電子レンジ（600W）で
　1分加熱して取り出し、ゴムべらでよく混ぜる（a）。

4 3を再度繰り返したのち、最後に電子レンジで30
　秒加熱してよく混ぜる（b）。
　⇒生地にのびのよい弾力とつやが出てくればOK。

5 水でぬらしたスプーンで1/5量ずつすくい、1の
　皿にのせる（c）。もちの上に1の残りの栗そぼろ
　を1/5量ずつかける。

🖊 食べごろ・保存
作りたてがおいしい。
もちがかたくなりやすいので、作った当日中に食べる。

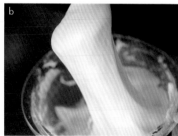

栗のきんつば

粒あんに栗の甘露煮をたっぷりちりばめたきんつばは、
しっとり＆もっちりした衣をまとわせて焼き上げます。
ふだんのおやつにもぴったりな素朴なお菓子です。

材料（14×11cmの流し缶* 1台分）

［栗ようかん］

栗の甘露煮（p.16）— 85g

水 — 80g

粉寒天 — 1g

粒あん（市販品／p.95の23参照）— 250g

塩 — ひとつまみ

［衣］

白玉粉 — 8g　　上白糖 — 12g

水 — 65g　　　薄力粉 — 40g

太白ごま油 — 適量

＊同サイズのバットやコンテナなどでも代用可。

準備

・ 栗の甘露煮はペーパータオルで汁けをふき取り、
　1cm角に切る。

・ 薄力粉はふるう。

・ 流し缶は抜き板を入れ、軽く水でぬらす。

　⇒バットやコンテナなどを使う場合は、
　型に合わせたオーブンシートを敷き込む。

作り方

1　栗ようかんを作る。鍋に分量の水と粉寒天を入れ
　て弱火にかけ、ゴムべらで2分ほど混ぜながら加
　熱し、寒天を溶かす。

2　粒あんと塩を加え、同様に2〜3分混ぜながら軽
　く煮詰め、栗の甘露煮を加えて混ぜる。

3　流し缶に流し入れて表面をカードで平らに整え、
　そのまま室温で冷ます。表面をラップで覆い、冷
　蔵庫で2時間〜ひと晩冷やす。

4　流し缶から栗ようかんを取り出し、8等分（1辺約
　3.5×5.5cm）に切る（a）。

5　衣を作る。ボウルに白玉粉を入れ、分量の水を
　少しずつ加えながら泡立て器で混ぜる。白玉粉
　が溶けたら、上白糖と薄力粉を加えて混ぜる。

　⇒水を一度に加えると白玉粉がダマになりやすいので注意。

6　ラップをかけて室温で30分おく。

7　フライパンまたはホットプレートを弱火で温め、
　太白ごま油少々をひいてペーパータオルで薄くの
　ばす。

8　6のラップをはずして4の一面に衣を薄くつけ
　（b）、7に並べ入れて弱火のまま衣が乾く程度ま
　で焼く（c）。一面焼けたら残りの面も同様に衣を
　つけ、一面ずつ焼く。

　⇒衣がフライパンにはりつかないように、途中で
　油をしみ込ませたペーパータオルでふきながら焼く（d）。

9　全面焼き上がったらケーキクーラーにのせて冷ま
　し（e）、はみ出した衣をキッチンバサミで切って
　整える（f）。

✐食べごろ・保存

作りたてよりも、2時間ほどおいたほうが
全体がなじんでおいしい。
保存はラップで包み、または保存容器に入れ、冷蔵で4日ほど。
食べるときは室温に戻す。

栗大福

栗の甘露煮の風味を生かすため、
やさしい白あんを合わせました。
やわらかなおもちのおいしさを味わえるのは、
手作りならではです。

材料（8個分）

[あん]
栗の甘露煮（p.16）— 8個
白あん（市販品／p.95の23参照）— 200g

[もち]
白玉粉 — 100g
上白糖 — 25g
水 — 125g
片栗粉 — 適量

準備

・栗の甘露煮はペーパータオルで汁けをふき取る。

作り方

1　あんを作る。白あんを8等分（1つにつき25g）にし、手で丸めて手のひらで軽くつぶして平らにする。真ん中に栗の甘露煮を寝かせてのせ、栗の8割くらいの高さまであんで包む（a）。

2　もちを作る。耐熱容器に白玉粉、上白糖を入れてゴムべらで混ぜ合わせ、分量の水100gを加えてよく混ぜる。残りの水を加え、ゴムべらでよく混ぜて白玉粉を完全に溶かす。

3　ラップをふんわりとかけて電子レンジ（600W）で1分加熱し、取り出してゴムべらでよく混ぜる（p.86のa参照）。

4　3を再度繰り返したのち、最後に電子レンジで30秒加熱してよく混ぜる。

⇒生地にのびのよい弾力とつやが出てくればOK。

5　バットに片栗粉を広げ、4をのせる。上から片栗粉をまぶして10×20cmに整え、カードで8等分（5cm角）に切る。

6　仕上げる。手に片栗粉少量をまぶして5を直径7cmくらいに平らにのばし（b）、中心に1の栗が出ているほうを下にしておく。もちを少しずつのばしながらあんを包み、閉じ目を指でつまんで留める（c）。

⇒もちが冷めるとのばしにくくなるため、
熱いうちに行う（火傷に注意）。

7　最後に閉じ目を下にして、手のひらの上で回しながら丸く整える（d）。同様に計8個作る。

🔖 **食べごろ・保存**

作りたてがおいしい。
もちがかたくなりやすいので、作った当日中に食べる。

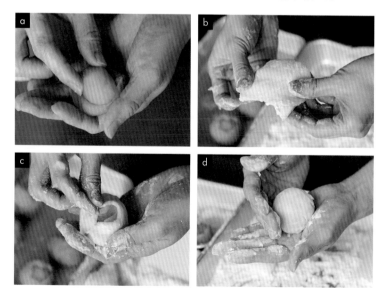

仕事柄、さまざまな食材を使いますが、
栗ほど手のかかる子はいないのでは!?と、毎回思います。
かたくて立派な鬼皮、さらに繊細な渋皮にしっかり包まれ、
それらをていねいにむくのはひと仕事です。

でも手がかかるからこそ、栗しごとを終えて並んだ瓶を眺めていると、
達成感とともに「やっぱり栗っていいなぁ」と幸せな気分になります。
かわいい子、なのです。

今回いろいろな栗のお菓子を紹介していますが、保存食の渋皮煮や甘露煮、
そしてペーストも、それだけで立派なお菓子だと思います。
まずはそのまま召し上がって、栗そのものの香りや
味わいを堪能してください。

栗のお菓子は、「栗菓子のオールスター」ぞろいなメニューにしました。
簡単なものから少し工程が多いものまでありますが、
共通するのは時代が変わっても「うん、おいしいね!」と
素直に感じる普遍的な味わいを目指したところです。

これまでは食べるためだけの栗しごとでしたが、
昨年からは栗の染め物にもトライ。
少しくすんだ自然な色合いが秋らしく、とても気に入っています。
さらしを染めて、栗きんとんを絞ったり栗のお菓子をラッピングすると、
栗しごとがよりいっそう楽しいものになります。

この本で、栗しごとが少しでもスムーズに、そして心穏やかに向き合える
季節の手しごとになりますように。またそれを生かした栗のお菓子が、
1つでも皆さんの秋の定番菓子となりましたらうれしく思います。

下園昌江

栗の煮汁を使った染め物の染め方

［渋皮煮の場合］

1　布をぬるま湯で手洗いし、しっかり絞る。

2　栗の渋皮煮の step5 〜 6（p.14）でアク抜きをした煮汁を取り置き、こし器でこして鍋に入れる。
　⇒最初の煮汁を使うのがおすすめ。この場合、step7 では湯の入れ替えを一気に行う。

3　1 を入れて 30 分ほど弱火で煮て火を止め、そのまま 2 時間〜ひと晩おく。水面から布が浮かないよう、ときどき菜箸などで布を沈めてまんべんなく染まるようにする。
　⇒長くおくほど濃く染まる。一見濃く見えても 5 でミョウバン水につけるとかなり明るくなる。

4　50 〜 60℃の湯 1ℓ と焼きミョウバン大さじ 1 をボウルに入れて溶かす。

5　3 を軽く水洗いして絞り、4 に 20 〜 30 分つける。

6　水洗いをして絞って干す。
　⇒もう少し色を濃くしたい場合は、再度 3 の染色液に数時間浸してから 4 のミョウバン水に浸す工程を繰り返す。2 回目以降は加熱せずにつけるだけでよい。つけ時間は染まり具合を見ながら調整する。

［甘露煮の場合］

　布は上記 1 と同様にする。ただし、渋皮煮よりも染色液が少ないため布は小さめがよい。大きな布を染める場合は、クチナシと水を適宜追加して染色液を増やす。栗の甘露煮の step7（p.18）でクチナシの実を取り出した煮汁をこして鍋に入れ、上記 3 と同様に布を煮て火を止め、そのまま 30 分おいて様子を見る。染まったら上記 4 〜 5 と同様にミョウバン水につけて水洗いし、絞って干す。

淡いピンク色が渋皮煮、上の淡い黄色が甘露煮で染めた布。ここで紹介するのは手軽に取りかかれる簡易的な染め方。布はさらしやふきんなど薄手のものが染めやすく、煮汁にしっかりつけられる大きさを用意する。

道具

栗しごととお菓子作り、それぞれに必須なアイテムから
あると便利な道具をご紹介します。

1.木綿の手袋＋使い捨てゴム手袋、指サック 栗むき作業時の手に2枚重ねにした手袋か指サックを装着／2.ケーキテスター 栗の甘露煮を煮る工程で、栗に刺して煮上がりを確認／3.計量スプーン ゆで栗の中身を出すときにすくいやすい／4.栗むき器 おすすめはSUWADAの「栗くり坊主」／5.ペティナイフ 栗むきに使用しているのはMisono 440 ペティナイフ 刃渡り120mm／6.デジタルスケール 0.1gまで量れるデジタル表示のものを使用。

混ぜる・はかる

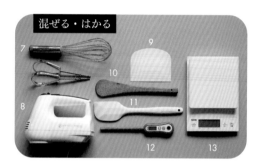

7.泡立て器 生地や生クリームを泡立てるさいに使用。ワイヤーのつけ根がしっかりしたものが使いやすい／8.ハンドミキサー 速度を切り替えながらしっかり攪拌。機種によってパワーが異なるので様子を見ながら行う／9.カード 生地を混ぜたり成形したり表面を整えたりするさいに使用／10.木べら バターや粉の多いものを混ぜるときに活躍。製菓用のスリムなものをチョイス／11.ゴムべら やわらかいものを混ぜるとき、生地を型やボウルに移すときに便利。耐熱性のものがおすすめ／12.食品温度計 チョコレートを湯煎にかけて溶かすときに必須／13.デジタルスケール 材料の計量には0.1gまで量れるデジタルばかりがマスト。

主な型

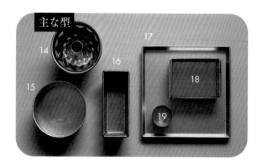

14.クグロフ型 直径15×高さ8cm。深いドーナツ状の型に入った斜めの模様が特徴的／15.丸型 定番の丸型は、直径15×高さ6cmの底が抜ける「底取れタイプ」と抜けない「共底タイプ」を使用／16.パウンド型 使い勝手がよいサイズのパウンド型。18×7×高さ5.5cmのベーシックなサイズと約23×4.5×高さ6cmのスリムタイプを用意／17.ロールケーキ用型 27cm角×高さ1.9cmのロールケーキ型。生地をムラなくきれいに焼き上げる／18.流し缶 14×11×高さ4.5cmのものを、作るものに合わせて抜き板を入れたりはずしたりして使用。使う前に水でぬらすか、オーブンシートを敷き込む。／19.セルクル マロンパイの焼成時に直径6×高さ4.5cmサイズをパイにかぶせて焼く。マフィン型やプリンカップで代用可能。

その他

20.絞り袋・口金 絞り袋は繰り返し使えるものを2～3枚用意しておくと便利。口金は直径1.3cm、直径1cmの丸口金2サイズとモンブラン用口金を使用／21.オーブンシート 天板や各種の型、流し缶に敷いたり成形時に使う／22.ふるい・粗めのざる 左のふるいは細かい粉類をふるうとき、ペーストを裏ごすときに。右の粗めのざるはアーモンドパウダーなど粒子の大きいものをふるうとき、ペーストを粗めに裏ごすときに使用／23.ボウル 直径18cmと13cmの大小を用意。湯煎に使える熱伝導のよいステンレス製がおすすめ／24.ケーキクーラー 直径24cmの網。焼き上がったお菓子を冷ましたり、ケーキにアイシングやシロップを塗るさいに便利。

材料

栗しごととお菓子作りのレシピで使用する
主な材料をご紹介します。

★マークの商品は下記取扱店にて通販でも購入できます。
富澤商店 オンラインショップ　https://tomiz.com/　tel 0570-001919

栗しごとで使うもの

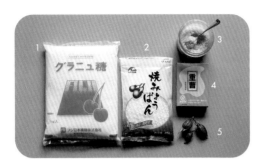

1. グラニュー糖 精製度が高く、保存食をすっきりとした甘さに仕上げる。フジさくらんぼ印 グラニュー糖 1kg*／**2. 焼きミョウバン** 水に溶かしてむいた栗を浸すことでアクを抜くとともに、煮崩れや変色を防ぐ／**3. 塩** うまみが強くて食材のおいしさを引き出す、「ゲランドの塩（顆粒）」がおすすめ／**4. 重曹** 渋皮煮のアク抜きに使用。重曹を入れて何度もゆでてこぼすことで渋皮のアクが抜ける／**5. クチナシの実** 甘露煮を鮮やかに仕上げる黄色の素。実を割って栗と一緒に煮ると、シロップと栗が黄色に色づく。

お菓子作りで使うもの

粉類

6. 薄力粉 たんぱく質の量が少なく、軽い食感に仕上がる「スーパーバイオレット」を洋菓子と和菓子に使用。ヴィクトリアサンドイッチケーキのみ、粒子が粗く歯切れのよい「エクリチュール」を使用。スーパーバイオレット（日清製粉）1kg*／**7. ベーキングパウダー** アルミニウムフリーのものを選ぶ。洋菓子のふっくらした生地作りに欠かせない／**8. 白玉粉** きんつばの衣や栗粉もち、栗大福のもち作りに。和菓子ならではのもちもち食感を生む。特上 白玉粉 200g*／**9. 上新粉** うるち米を非加熱で粉末状にしたきめ細かな米粉。和菓子の浮島の生地作りで薄力粉と混ぜると食感がよくなる。上新粉 200g*

糖類

10. 粉糖 粒子が細かいため生地とのなじみがよく、お菓子作り全般に使用。仕上げのアイシングなどにも。粉砂糖 400g*／**11. 和三盆糖** 和栗と相性がよく、上品な甘さと奥深い味わいがある。本書ではモンブランのメレンゲに加えている。和三盆糖 250g*／**12. はちみつ** 洋菓子と和菓子の生地に加えて風味づけ。／**13. グラニュー糖** 食材の味を引き立てるクセのない甘みで、和洋問わずお菓子作りに活躍。フジさくらんぼ印 グラニュー糖 1kg*／**14. 上白糖** コクのある強い甘みをつける。生地をしっとり仕上げるほか、焼き色もつきやすい。フジさくらんぼ印 上白糖 1kg*／**15. きび砂糖** まろやかな甘さで独特のコクがある。カップ印 きび砂糖 750g*

香り・風味づけ

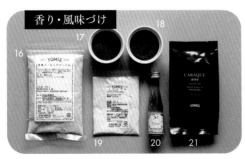

16. アーモンドパウダー アーモンドを粉状にしたもの。焼き菓子の味の決め手になり、風味豊かに仕上がる。皮無アーモンドプードル 100g*／**17. インスタントコーヒー** 生地やアイシングに使うため、冷水に溶けるタイプが便利／**18. ココアパウダー** トリュフの仕上げにまぶしてほろ苦さをプラス／**19. マイクリオ** カカオバターを粉末状にしたもの。少量のチョコレートをテンパリングするさいに使用。マイクリオ（ココアバターパウダー）20g*／**20. ラム酒** 栗との相性は抜群。香り豊かで力強いものがおすすめ。ダーク・ラム 30ml*／**21. ビターチョコレート** レシピによってカカオ分56%と66%を使い分けている。ヴァローナ フェーブ カラク 200g*

便利な市販品

22. 冷凍パイシート 手間のかかるパイ生地作りを手軽においしく。ベラミーズパイシート 150g×2*／**23. あん** 和菓子に欠かせないあん。市販のものならいろいろなタイプを気軽に使える。上から舌ざわりよくなめらかなこしあん、小豆の風味を大切に粒残りよく仕上げた粒あん、豆本来の色と風味が楽しめる白あん。極上こしあん 500g*、極上小倉あん 500g*、極上白こしあん 500g*／**24. マロンパウダー** 南イタリア・カンパーニャ州ロカダスピデ産の栗を石臼挽きに。マロンパウダー 50g*／**25. マロンペースト** ヨーロッパ産の栗と砂糖、バニラのみで作った濃厚な味わいの「アンベール マロンペースト」を使用。

下園昌江　Masae Shimozono

お菓子研究家。1974年鹿児島県生まれ。筑波大学卒業後、日本菓子専門学校で製菓の技術と理論を学ぶ。その後パティスリーで6年間修行。2001年スイーツのポータルサイト「Sweet Cafe」を立ち上げ、幅広い視点でスイーツの情報を発信しながら、国内外のさまざまなお菓子を実際に食べ歩く中で、フランス菓子の魅力に惹かれる。2007年より自宅でお菓子教室を主宰し、お菓子の歴史から素材の特徴まで深く学べるレッスンが評判を呼び、人気の教室となる。著書に『おいしいサブレの秘密』『アーモンドだから、おいしい』『4つの製法で作る 幸せのパウンドケーキ』(すべて文化出版局)などがある。
Instagram @masaeshimozono

栗しごとと栗のお菓子

2023年9月25日　初版第1刷発行
2024年10月1日　初版第3刷発行

著　者　下園昌江

発行人　川崎深雪
発行所　株式会社 山と溪谷社
　　　　〒101-0051　東京都千代田区神田神保町1丁目105番地
　　　　https://www.yamakei.co.jp/
印刷・製本　株式会社シナノ

●乱丁・落丁、及び内容に関するお問合せ先
山と溪谷社自動応答サービス　TEL.03-6744-1900
受付時間　11:00－16:00(土日、祝日を除く)
メールもご利用ください。
【乱丁・落丁】 service@yamakei.co.jp
【内容】 info@yamakei.co.jp

●書店・取次様からのご注文先
山と溪谷社受注センター
TEL. 048-458-3455　FAX. 048-421-0513

●書店・取次様からのご注文以外のお問合せ先
eigyo@yamakei.co.jp

撮　影　馬場わかな
デザイン　福間優子
スタイリング　西﨑弥沙
校　正　かんがり舎
ＤＴＰ　小林 亮
編　集　岩越千帆
　　　　若名佳世(山と溪谷社)

材料協力:富澤商店
https://tomiz.com/
tel 0570-001919